勝ち抜ける

経営者のキャリアデザイン

Career Design for a Business Owner

Nomoto Consulting
野本理恵

CROSSMEDIA PUBLISHING

プロローグ

ゴーイングコンサーン
――社長としての最低限の使命

「よい会社とは？」

この仕事を始めた時からの私自身の永遠の問いです。

経営者であれば、誰しも「よい会社を目指したい」と思うもの。しかし「よい会社の定義」は経営者が10人いればみなさんそれぞれ十人十色なのです。

売上が上がっている会社
いや、売上よりも利益が上がっている会社
定年まで社員が安心して働ける会社
店舗数をどんどん増やしている会社
同業他社より給与水準が高い会社

このテーマで社長と飲めば朝まで盛り上がれるほどの内容ですね。逆に反射的にこの答えが出てこない社長はいったい何のために経営しているのか。原点から考え直したほうがいいのかもしれません。

それくらい根本的な問いであり、重要な問いなのです。

常に腹の底に据え、そして時に変化していく問いでもあります。

私自身、経営者の方と対峙して15年以上経ちました。

いまから6年前に起業して、現在は小さなコンサルティング会社を経営しています。

25歳の時に地元の会計事務所に未経験で入社しました。最初はお客さまから帳簿など経理資料を預かって会計ソフトに入力作業をする事務職でした。業界でいう「パンチャーさん」という仕事です。数カ月経って少しずつ入力作業にも慣れてきた頃、月次で試算表や説明資料を持って顧問先の企業を訪問するようになりました。そして、慣れてきた頃にふと違和感を覚えたのです。

毎月、社長さんと話すことは経費項目の確認や売上、利益のレビュー。しかし1カ月前の経理処理の説明はほとんどの社長さんは興味がない。あるとしたら、出た利益をどうやったら少なくできるかという「節税」のことばかり。もともと積極的には払いたくない「税金計算」のためにわざわざ決算書を作成して、しかもそれが自社でできないから会計事務所と契約している。

1カ月前の売上なんて私がわざわざ報告しなくても請求速報で把握していますし、経費項目も「めんどくさいから」「わからないから」頼んでいるのです。それもアウトソーシングとして一定の価値はあるのでしょうが、私自身は違和感だけが残り、できるだけ「他社の事例をお伝えする」「質問にはスピーディに答えられるように」を意識して仕事に取り組んでいました。もともと私は人と話すのが好きで好奇心も旺盛な性格でしたので、当時の社長さんたちや経理担当の方には学ばせていただきました。仕事やそれ以外の雑談含めて訪問している1〜2時間は大いに会話が盛り上がります。十分に関係性は構築できていたと思います。

しかし、私自身のモヤモヤする気持ちは変わりませんでした。

そして、ある時この違和感が確信に変わりました。

「会計資料は社長の儲けに役に立ってない。よい会社って何だろう。そのためにできることって何だろう？」

実際、1カ月遅れの化石のような試算表をもって、社長の経営に貢献するには限界があります。このことがわかった時、「社長が儲かるために必要なアドバイスがしたい」とこの業界で働く目的が初めて明確になりました。

その後、別の税理士法人に転職。こちらの税理士法人には税務監査とは別に「経営支援」というチームがちょうど立ち上がろうとしていました。事業計画を作成したり、役員会や営業会議に参画したりするコンサルティング的な業務を行います。こうして私は「コンサルタント」としてのスタートを切りました。29歳の時でした。

リーマンショックの数年後、多くの会社は金融機関からの借入返済に悩でいました。「金融円滑化法」という法律も立法されました。経営支援として私自身は「リスケ」という返済計画のリスケジュール、銀行とのバンクミーティングを経験しました。世の中的には残念ながら倒産していく会社も少なくはありませんでした。当たり前のように毎日出勤している会社が「今日でなくなる」と知らされた社員の方々、その家族の気持ちはどうなるのだろうか。社長も社員も取引先も、もちろんお客さまも含めて、誰にとっても不幸な結末が倒産なのです。リスケジュールして何とか倒産を免れたとしても、気が遠くなるような多額借入金返済が待っている。仕事に感情が入り過ぎて夜も夢にみることがあり、朝まで眠れない日々が続きました。

「会社は継続してこそ価値がある」

私が当時の経験から得た答えです。経営は半永久的な会社の継続を前提にします。そのためには利益を出し続けなければいけません。常にアップデートして世の中の目まぐるしい変化に対応する必要があります。しかしその舵をとる社長自身は確実に歳をとっていきます。当たり前ですが、社長だけでなく社員も一緒に歳をとります。だって人間ですから。時々、笑いながら話します。

「社長が老い支度しないと会社も一緒に年寄りになっちゃう！」

会社は継続しても社長はどこかで社長を辞めなければならないのです。

「よい会社とは？」の現時点での答えは「継続する会社」です。

もちろん、そのためには利益が出なければなりません。利益がなければ会社は存続できませんし、利益が出るということは「世の中から価値を認めてもらっている」一番の証です。ただ、残念なことに瞬間風速の利益ではダメです。社員の方々も安心して働くことができません。大事なことは「**利益を出し続けること**」です。それが会社の継続につながります。

もちろん、社長自身は10年経てば10歳歳をとる。１００年経てばもうこの世にはいないでしょう。それでも会社という組織には商品やサービスがあり、それを求めるお客さまがいる。そして様々な年齢層の社員の方々がいる。

社長の年齢にかかわらず、社長の引退にかかわらず、会社は継続しなければならない。

「継続する会社」は社長と一緒に年老いて廃れていってはいけないのです。よい会社を創りたければ、個人としての社長人生と会社として継続することは切り離して考えるべきです。しかし、多くの経営者の方たちはここから目をそらしているように思います。

＊　＊　＊

本書の内容は大きく２つに分かれています。経営者としての「マインド」と経営者として抑えるべき「数字」です。

第1章は現在の中小企業を取り巻く現状や問題点について触れています。データが中心になりますが、意外と社長は自社の経営に忙しく他社の状況を知らないものです。第2章は「ここから10年社長に必要なマインド」としました。利益を出す経営者、会社を継続させる経営者には一定の共通点があり、考え方として非常に重要なポイントをまとめました。

第3章と第4章は「経営者が抑えるべき数字」についてです。貸借対照表（B／S）の基本から、いざ自分自身が社長を辞めようと思った時に「自社の価値」はどのように決まるのかをお話しします。貸借対照表は会計期間1年でリセットするものではありません。創業からの経営がすべて積みあがっているのがB／Sです。ここから10年自社の価値をどのように高めるか、それは損益計算書（P／L）には書いてありません。社長はB／Sが読めないと経営はできないのです。

第5章は「よい会社」をつくるために社員の方と共有するマインドと題して日頃社員研修などでお話しさせていただく内容を記載しました。継続する会社には「よい人材」が必須です。財務以上に「変化」に時間を要するのが企業風土です。

社員教育こそ、地道にコツコツと10年かけておこなっていくべき経営テーマなのです。資金は銀行から調達できますが、優秀な人材を他社から借りてくることは不可能ですよね。よい会社を創るためには社長ひとりの力では到底無理で、一人で奮闘している間に社長自身があっという間に歳をとります。だからこそ継続するためには「風土」が必要なのです。

今回「マインド」と「数字」という2つの対極にあるテーマを軸にしました。章の内容を見て読みやすいところから読んでください。数字が苦手な方はマインド編だけ先に読んでもいいと思っています。

①経営理念が大好きで、一生懸命勉強し、ビジョンを熱く語る割には儲かっていな

い社長

②売上・利益、共に順調。しかし離職率が高く「人はまた雇えばよい」と思っている。常に俺が俺がのワンマン社長

ゴーイングコンサーンを目指すべき、まだ「経営者として辞めることができない」方はどちらかのパターンに当てはまります。

結論、数字だけ追いかけてもダメですし、考え方を語っているだけも社員はどんどん飽きてきます。「マインド」と「数字」は経営の両輪です。ぜひ数字に強く、熱く語れる経営者を目指してください。

一緒によい会社をつくりましょう。本書がその一助になれば幸いです。

第1章　中小企業の10年後の姿

第2章

ここから10年社長に必要なマインドとは

第3章

B／S基本編 ～必要な利益はB／Sが教えてくれる～

第4章 B／S応用編 ～自社の価値はいくらになるのか～

第1章

中小企業の10年後の姿

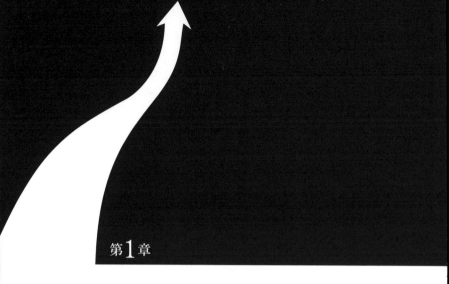

1-1 売上至上主義の悪

毎年「売上昨対比105%!」「売上50億円!」と数値目標を掲げる会社は多いでしょう。これが日本の中小企業の病巣だと思っています。

もちろん「売上高」というのは新入社員からパートタイム社員までわかりやすい指標ではあります。会社の目標や成長を示すには最もシンプル、ゆえにこのような状況になっているのも理解はできます。

しかし、ここに2つの問題があるのです。

1つ目は毎年売上目標を掲げている会社で働く社員からすると、もう「目指せ売上50億円」には飽き飽きしていることがほとんどなのです。社内を見渡してください。目標を掲げて満足しているのは社長だけではないでしょうか。

毎年同じような目標を掲げている。達成できなくても自分の給料が下がるわけでもないし、もし達成したとしても自分の給料が爆発的にアップすることもない。

「まあ、50億円いっても俺の給料上がらないですからね」

これは、とある30代の社員から実際に聞いた言葉です。

要は会社の目標とそこで働く個人の目標が一致していないのです。これではモチベーションが上がるどころか、毎年未達に終わる目標に対して「どうせ達成しないんだから」という負け癖のような雰囲気が社内に漂ってしまうのです。

２つ目は売上目標を達成することと利益が出ることは違うということです。

当たり前と言えば当たり前ですが、どこか人は売上が大きな会社が儲かっていて、もちろん売上が上がれば利益も出るだろうと潜在的に思い込んでいる節があります。

「新規顧客の獲得をしよう」

「商品アイテムを増やそう」

いずれも売上を上げるための策であることには間違いないですが、短期的には「利益」に直結しない典型パターンです。

売上は「値段×数量」で表すことができます。どんな業種も「いくらのものを」「いくつ売ったのか」の掛け算で売上は成り立っています。

新規営業で飛び込みに行く。商談のチャンスをもらう。しかし、そこで必ず「見積書持ってきて」の壁に当たる。要は競合との「価格勝負」に勝たなければ多くの会社はお客さまの扉を開けることは難しい。「オンリーワン商品」を持っている会社が中小企業にどれくらいあるか。多くの商品やサービスは「どこかに似たようなものがある」のが現実。また競合他社にないよさがあったとしても新規営業でそこまでお客さまに伝えるのは難しい。

だからこそ、新規顧客獲得は「価格勝負」になりやすく売上と利益は比例しないのです。多くの中小企業はフロントエンド商品で新規営業に行き、その後バックエンド商品にしっかり落とし込める仕組みを持っていません。よって新規顧客を獲得しても契約が続く限り利益の出ない、手間のかかる「フロントエンド商品」を売り続けるのが現状です。

「商品アイテム」や「サービスの多様化」も同じです。誰でもわかることですが、商品が増えれば在庫も増えます。在庫管理は非常に手間もコストもかかります。サービスの多様化を図れば社員への対応マニュアルが増えます。

要は**売上を上げようとアイテムやサービスを増やせば増やすほど、社内は混乱し、在庫ばかりではなく、手間や社員教育など見えないコストが増えていく**のです。

効率が悪くなり、売上に比例した利益が出ない。しかし社員たちは忙しい。むしろ社員数も増えていく。こうなると「こんなに忙しいし、人も増えている。売上も上がっているはずなのに、なぜ私たちの給料は上がらないのか。社長はケチだ」という声が聞こえてくるようになります。

経営者からしたら仕方のないことです。「増収減益」、この会社は利益なんて出ていないのですから。しかしそんなことを社員は知る由もない。実はこのような会社が多いのです。

◇売上主義から生産性主義への転換

前述した通り、「売上」はわかりやすい指標です。しかしこれを安易に追いかけることで危機に陥っている会社は思っている以上に多いのです。

だからといって売上目標はいらないのかと言ったらそうでもありません。しかし、ここに**「1人当たりの生産性」**というキーワードを必ずセットにしていただきたいのです。

生産性、付加価値という言葉は、聞いたことがあると思います。調べてみると「実質労働生産性」や「1人当たり名目付加価値」など難しいように思えます。ただ中小企業で簡単にはじき出すことできて一般社員にも説明しやすい考え方は次の通りです。

1人当たりの生産性＝粗利益（売上高－変動費）÷社員数

粗利益は実際の決算書にはない言葉です。「売上総利益」を「粗利」と呼んでいる会社もありますが、必ずしもイコールとは言えません。

ここでいう粗利益は売上高から「変動費」を引いたものです。変動費という言葉も決算書のどこにもありません。文字の通り、「売上の上下に伴って変動する経費」のことを言います。

仕入や外注費などはわかりやすい例です。売上が半分になれば仕入や外注費も半分に、逆に売上が2倍になれば仕入や外注費も倍になります。

逆に、事務所の家賃はどうでしょうか？　売上が半分になったからといって家賃は半分になりません。社員の給料もそうです。「今月売上が半分だったからみんなの給料も半分ね」と言えれば楽ですが、そうはいきません。このように売上の多寡にかかわらず、一定のコストになっていく経費は「固定費」と言います。

会社の経費は「変動費」と「固定費」に分かれます。業種などによっても何を変動費とすべきかは変わってきますし、運送業でしたらトラックの燃料は変動費ですが、営業や社長が乗っている車のガソリン代は固定費です。

このように算出した粗利益を社員数で割ってみてください。「1人当たりの生産性」が算出されます。これは「社員1人当たりの会社の一次利益」というイメージです。「利益のパーヘッド」と私はいつも言いますが、たとえば「社員1人当たりの生産性」が800万円の会社で1000万円プレイヤーを量産することは難しいです。なぜなら、この粗利益の中からしか人件費は払えないからです。また生産性の額、全額を人件費に充ててしまっては固定費に分配できません。

売上 － **変動費** ＝ **粗利益**

粗利益から
人件費や**その他固定費**にコスト配分し、
残ったのが**利益**

粗利益 － **固定費** ＝ **利益**

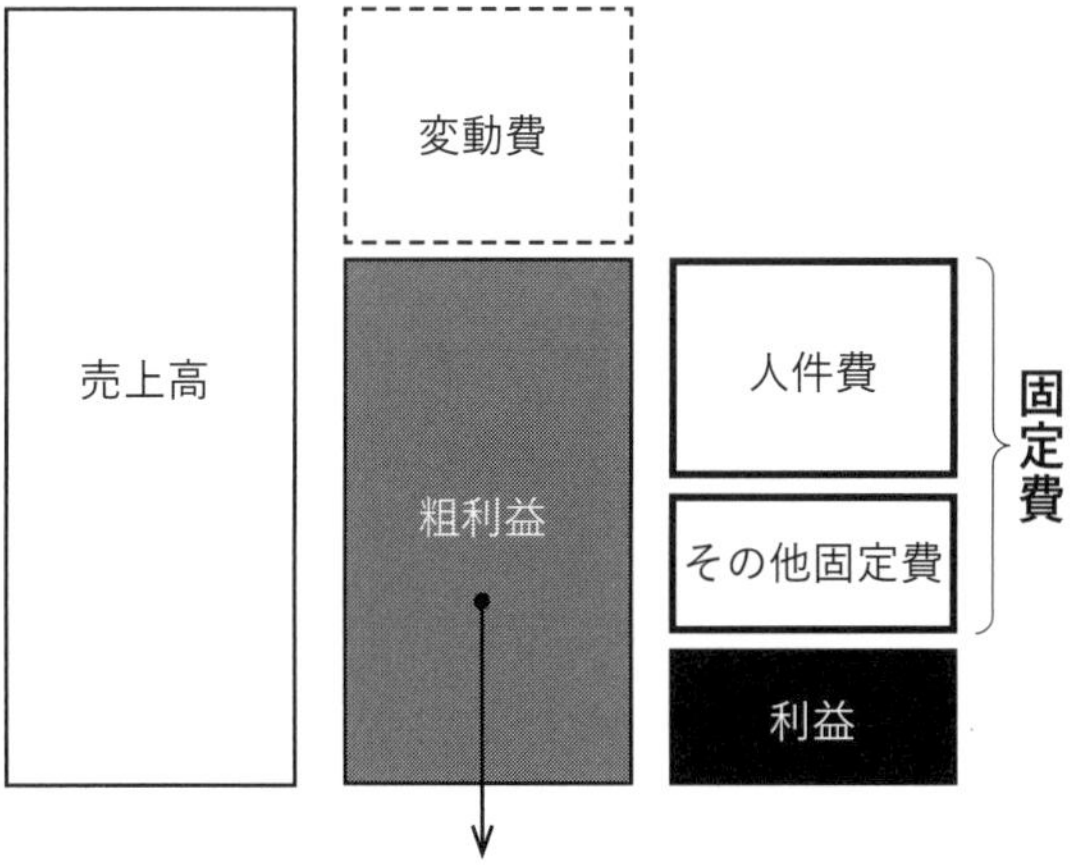

「**粗利益**」を**社員数**で割る

⬇

1人当たりの生産性

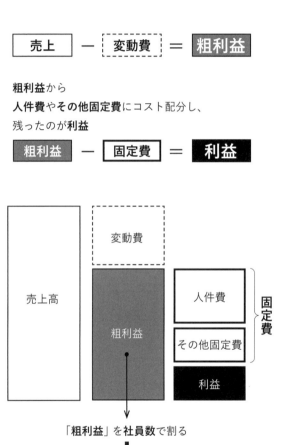

では、1人当たりの生産性はどのようにして上げるべきか？　売上を上げながらも粗利益の率はキープする必要があります。売上が上がっても値引きをしたり、アイテム数が多く仕入れ額が上がったり、外注先の支払いが増えてしまうと粗利益の率は下がります。それでは生産性は上がりません。忙しくなったと言って社員数をやみくもに増やしていっては、社員数（分母）は増えているので、1人当たりの生産性は下がっていくという負のスパイラルを生むのです。

これが「1人当たりの生産性」を追わずに安易に売上のみを追ってはいけない理由なのです。

多くの経営者は貸借対照表（B／S）よりも損益計算書のほうが、馴染みがあると思います。毎月損益計算書（P／L）を見ているでしょう。しかし、売上高ばかりに囚われていないでしょうか。ほかにも損益計算書から読み取れることは無数にあります。

税金の心配と節税のノウハウ探しに躍起になるよりも、もっと大事なことが隠されています。売上増と粗利率アップを同時に実現しようと思った時には「効率化」と「価格改定」が肝になります。**新規顧客よりも「既存顧客の価格改定」、商品、サービスの多様化よりも「選択と集中」。**新規顧客の獲得と商品、サービスの多様化は、現状の利益も潤沢、人材も充分な会社がとるべき戦略です。**もし、短期的に利益確保が急務であるならばとるべき戦略は180度真逆なのです。**既存事業が儲からないから「新規事業に着手しよう！」という経営者をたまに見かけます。これも同じ理由で売上に囚われている悪い例です。

会社がハッピーで社員もハッピーになる。

会社の目標と社員の目標を一致させる。これこそが「1人当たりの生産性」アップのカギなのです。

この指標をまずは役員、そして幹部社員の方たちと共有し「いかに効率よく」社内の仕組みを確立していくか。

「頑張った分だけ社員にも払ってあげたい」

このように言う経営者は非常に多いです。しかし、実行できている会社はごく少数。社長、思っているならやってあげましょう。社長が見るべき数字は売上ではないのです。

1-2 中小企業の高齢化はここまで進んだ

2025年問題。団塊の世代を含め、日本人の2割近くが75歳以上になることを指している言葉で、数年前から聞かれるようになりました。「年金問題」も含め社会保障制度はもちろん、減少する現役世代の負担が重くなることで日本経済にも深刻な影響を及ぼすと考えられています。

2025年には団塊の世代を含む「全人口の約18%」が後期高齢者という超高齢化社会に突入。約5人に1人が後期高齢者というのはいま私たちがわかっているつもりで自分ごとになっていない重大なテーマ。もちろん、人口統計を見ればすでに以前からわかっていたことですが、そのままズルズルといまに至っているのが現状。

高齢化と同時に少子化も進むため、現役世代の負担は増える一方です。現在、年金は65歳からの支給となっていますが、そう遠くない未来に70歳支給になるだろうと思っています。執筆時点で41歳の私が年金をもらえるのはいったい何歳からなのでしょうか。さらに私の息子たちが年金をもらえるようになるのは……と考えると先に光の見えない真っ暗なトンネルのようです。

団塊の世代が生まれたのは第二次世界大戦の終戦直後。日本の第一次ベビーブームと言われていて、人口がとても多い世代です。１９４７年〜１９４９年の合計出生数は約８０６万人です。１９４７年の出生数は約２７０万人です。

今年22歳になる人（新卒者）は２００１年生まれですが、出生数は約１１７万人。２０２２年の出生数は80万人弱です。すでに２０２３年ですから２０２２年の出生数をいまからどうにかできることはありません。これで22年後の新卒人数は決まっているのです。

２０２５年には5人に１人が後期高齢者になると書きましたが、その流れはさらに加速。労働人口はさらに減少し、日本という国全体が老いていくのです。

中小企業経営者も例外ではありません。中小企業庁のデータによると２０２５年、70歳以上の中小企業経営者は約２４５万人となり、**およそ2／3が後継者未定となる**ことが推計されています。赤字倒産でなく、黒字だけれども後継者が不在という理由で企業の存続が厳しくなる時代にすでに突入しています。

年代別に見た中小企業の経営者年齢の分布である。これを見ると、２０００年に経営者年齢のピーク（最も多い層）が「50～54歳」であったのに対して、２０１５年には経営者年齢のピークは「65～69歳」となっており、経営者年齢の高齢化が進んできたことが分かる。一方で、２０２０年を見ると、経営者年齢の多い層が「60～64歳」、「65～69歳」、「70～74歳」に分散しており、２０２２年も同様の傾向を示している。これまでピークを形成していた団塊世代の経営者が事業承継や廃業な

第2-2-2図　年代別に見た、中小企業の経営者年齢の分布

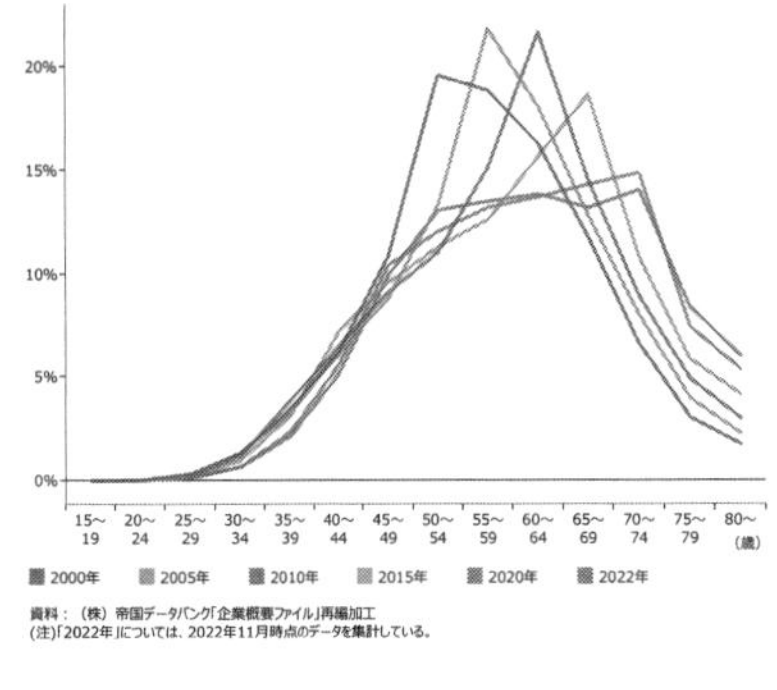

資料：（株）帝国データバンク「企業概要ファイル」再編加工
(注)「2022年」については、2022年11月時点のデータを集計している。

どにより経営者を引退していることが示唆される。一方で、75歳以上の経営者の割合は2022年も高まっていることから、経営者年齢の上昇に伴い事業承継を実施した企業と実施していない企業に二極化している様子が見て取れる。

出典：「2023年版中小企業白書」第二部変革の好機を捉えて成長を遂げる中小企業、第二章「新たな担い手の創出」

中小企業の高齢化には2つの視点があります。

①経営者自身の高齢化
②社員の高齢化と採用難からの人材不足

経営者の高齢化は前述した通りです。会社のビジネスモデルの変化がコロナ禍において多くの業種が直面した課題です。ここにうまくリーチできた会社とできなかった会社があります。廃業を早期に選択して、ハッピーリタイアを選び、再スタートに舵を切った会社もあります。すべてではないですが、この大きな分かれ道は「経営者の高齢化」にあると感じるコロナ禍の数年間でした。自分の年齢と共に会社も歳をとる。自分の人生そのものである会社を変えることも、手放すこともできずに「コロナ融資」に手を出した経営者をたくさん見てきました。もう自分自身が60歳なのに、後継者もいない中でコロナ融資として数千万の借金。これからどのように返済原資を生み出すのでしょうか？

また前述したように、労働人口がますます減少することも出生数からみて明らかです。２０２２年の新卒は１１７万人でした。22年後の大卒新卒数は80万人をきるのはもうすでにわかっています。いまのビジネスモデルや社内の仕組みは22年待たずして継続は難しくなるでしょう。「少数精鋭で稼ぐ仕組み」をつくるか、「選ばれるような高賃金を支払える高付加価値の会社」とつくるか。経営者が選ぶべき選択肢はこの2つなのです。

1-3 起業数と廃業数の推移

「1円で会社ができる！」新会社法は、小泉改革の中のいわゆる商法改正の一環で、2006年5月に施行されました。2023年のいまから考えると17年前です。旧制度では有限会社は最低300万円、株式会社は最低1000万円必要とされていた資本金（最低資本金制度）を、「1円でもOK」とするものです。実は1円資本金会社自体は、従前においても特例制度で設立が可能で、設立後5年以内に資本金を最低資本金まで引き上げるという条件で、会社を設立することが認められていました。

この2006年の新会社法施行は当時大きなインパクトをもたらしました。ちなみに私自身、税理士法人に勤めた経験がありますが、「1円資本金」の会社には出会ったことがありません。一番低い資本金で「10万円」だったと思います。しかし、株式会社が1000万円で設立できる時代から1円で設立できる時代への大きな変革。起業して法人設立できる壁は一気に取り払われました。

当時勤めていた税理士法人でも「起業家応援パック」と銘打って月々の顧問料を1万円以下で提供するというパッケージサービスを売り出していました。

税理士報酬が1万円を切る時代。その税理士法人だけがやっていたサービスでなく、都内ではちょっと前からこのような安価なサービスが出ていました。税理士業界の顧問料革命時代です。

月に1度、領収書の山とその他資料が封筒に詰め込まれドサッと届きます。それをパートの女性たちが黙々と会計ソフトに入力する「作業屋」になった時代です。革命ではなく、士業の地位転落のターニングポイントだったかもしれません。

ただ起業家にとってチャンスだったことは言うまでもありません。しかし、残念ながらこのようなパッケージで契約した新設法人の8割以上は3年以内に廃業していきました。残った3割はもともと個人事業主でいままでも既存事業をしていて形態を「法人」に変えた会社です。要は新しく「ビジネスをしたい！」と立ち上がった起業家たちは早々に夢破れたのです。

中小企業庁の2021年までのデータによると開業率は「宿泊業、飲食サービス業」が最も高く、次に「生活関連サービス業、娯楽業」。また、**廃業率について見ると、「宿泊業、飲食サービス業」が最も高く、「生活関連サービス業、娯楽業」「小売業」と続いています。**

開業率と廃業率が共に高く、事業所の入れ替わりが盛んな業種は、「宿泊業、飲食サービス業」「生活関連サービス業、娯楽業」であることがわかります。一方、開業率と廃業率が共に低い業種は、「製造業」「運輸業」となっています。

ここまでで言えることは、一定の業種で「起業しては廃業」をずっと繰り返しているということ。近年は、副業もよく耳にするキーワードになり、国をあげて奨励されていて誰でもプチ起業家になれる時代なれるようになりました。しかし数年経って、副業を始めた人のどれくらいの人が法人化し、「本業」になるくらいまで自分のビジネスを育てられたでしょうか。

そして前述した創っては消えていく新規法人と後継者不在の老舗企業。どちらも深刻で今後の日本経済に大きな影響をもたらしそうです。ここにモヤっとした違和感を覚えるのは私だけでしょうか。ここから20年後の日本企業の行方を案じずにはいられません。

1-4 企業の寿命と就業寿命

私がこの業界で小さな一歩を踏み出したのは25歳の頃でした。当時の先輩から「会社は30年続いたら一人前」と教えてもらいました。15年ほど前の話です。しかし、現在会社の寿命は16~17年程度と言われています。私はこれを「**企業寿命**」と呼んでいます。この15年間で日本では「企業寿命」はどんどん短くなり、コロナ禍を経て、今後さらに加速していくと予想しています。

これを「競争が激しい、厳しい時代になったね」の一言で終わらせてしまっては能がありません。現在60代、70代の経営者が創業した頃、会社を継いだ頃をイメージしてください。土地を買って工場を立てて大手企業の下請けとして製造業をスタートします。借金をさらにして大きな設備投資もおこなったでしょう。しかしそれでもここまで経営を継続できたのは「**5年前と変わらず同じようなものをつくっても売れ続け**

る時代」だったのです。

もちろん変革を経て生き残った会社もありますが、ほとんど中小企業は元請けの取引先に「何を」「いくらで」「何個」の決定権を握られているのが現実です。しかも元請けは1社に依存している比率も非常に高いです。主要取引先が売上シェアの7割を占める、これも珍しくありません。それでも同じビジネスモデルで売上も利益も確保できた時代。日本という国そのものがまだまだ「つくれば、売れる」時代でした。

しかし、現在はそうではありません。コロナ禍を経て人々の生活様式、価値観は大きく変化しました。「何にお金を払うべきか」もあらためて問われた数年間。今後、商品やサービスのサイクルはさらに短くなるでしょう。似たようなものは他にもある。新商品を出してもすぐに似たような、さらに安価なものが台頭してくる。

「企業寿命」とは、会社というよりもビジネスモデル、商品サイクルを表すのです。

企業が継続するためには既存のビジネスモデルの改善を常におこない、アップデートし利益を確保し、新たな技術や商品を創出して「変革を前提」にした経営をしていく必要があります。

とある友人が昔「スポーツバーを始めようと思う」と私に相談してきたことがありました。店内には大きなプロジェクターを設置、音響も含め内装にも相当なこだわりを持っているようでした。そして内装設備費の予算を聞いた私は「それ、何年で回収するの？　回収する前にスポーツバーの流行は終わると思うけど」と言って、かなり嫌な顔をされたことを覚えています。彼は私の助言を無視して都内にスポーツバーをオープンさせましたが、記憶が正しければ3年もたずに閉店しました。それっきり彼とは疎遠になったので、いまどうしているかわかりませんが、その店舗単体では投資負けしたのは明らかです。

一方で、「就業寿命」とは、わかりやすく言うと「働く寿命」と言ったところでしょうか。現在、日本企業の定年は60歳です。会社は労働者が希望すれば1年更新で65

歳まで働かせる義務があります。これは法律で決まっているので、現在は定年を60歳未満で設定することはできません。そして、ご存じのようにそれに対応するようにして年金支給も60歳から65歳に段階的に引き上げられ、現在は原則65歳になっています。実は1998年までは55歳でした。今後、65歳定年の70歳まで雇用義務と「5年伸ばし」が法律化するのも間近でしょう。もちろんそれに伴って、年金も65歳から70歳支給になるでしょう。

このように私たちの「就業寿命」はどんどん長くなっています。「老後は2000万円の貯金がないと暮らしていけない」と少し前にニュースでも言われていましたが、現在の物価高も考えると、とても2000万円では足りないような気もします。

「企業寿命」と「就業寿命」

一方は短くなり、一方は長くなっていく、このアンバランスさに危機感を覚えるのは私だけでしょうか。

入社して部署異動もせず、同じ業務を継続して、平和に定年を迎えられる時代は終わりました。スキルアップ、新しいことへのチャレンジなど、働く人々は進化と変革を求められます。また、企業としても雇用した社員たちにその環境を与え、失敗を責めることからチャレンジを奨励する風土を創ることが求められます。

ぼーっとしていたら、会社は泥船になり、あっという間にぼんやりとしていた社員たちと海に沈没してしまう時代となったのです。

1-5 人が財産になり、リスクにもなる時代

「働き方改革」がスタートしたのは2019年4月。骨子になるものはいくつかありましたが、有給休暇の消化や残業時間の問題。大企業以上に打撃を受けたのは中小企業でした。多くの企業は有給休暇消化のために計画的付与を実施したり、残業時間削減のために勤怠管理システムの導入など、多額の予算を投じてきました。

ルールやシステム。これが「働き方」よりも先行して進んだことは否定できません。そしていまその歪みが現場を直撃しています。私自身、社員研修の講師としてお話しする機会を多くいただきますが、必ずお伝えすることがあります。

「働き方改革で有給休暇を取ろう、残業を辞めようという時代です。しかし、いままでの仕事のやり方でこれを実現したらどうなるか。もちろん売上は下がりますし、利

益も下がります。働き方改革の本当の意味は『いかに短い時間で効率的にいままで以上の成果を出すか』なんです」

「会社は残業するなという、ただでさえ人員不足なのにどうしたらいいのか。売上目標は上げておいて、それは難しいでしょう」という声が現場からは湧き出しています。

結果どうなるかというと、**こっそりタイムカードを押して残業したり、会社の承認もなく休日出社、仕事を家に持ち帰ったりする悪循環を招いています。**「そんなことないでしょう！」という社長の声が聞こえてきそうですが、これが現実で気づいていないのは社長だけかもしれません。

このようなことは、小さな労働災害（労災）をきっかけに労働基準監督署の調査を受けたことで浮き彫りになった会社がいくつもあります。最近は労災がひとつ起これば「安全」から「勤怠管理」に進み、タイムカードや給与明細、就業規則などまで資料を求められることがスタンダードになりました。

要は「過重労働によって労災が起きたのではないか」という仮説に基づいた要請です。実際にとある会社では従業員の居眠り運転による労災が発生。勤怠管理やドライブレコーダーの記録などを調査したところ、実際の月の残業時間は毎月100時間を超えるような状態だったという事例もあります。

同じ工程を繰り返し、仕事のやり方を変えなければ、前述のような悪循環が起こることはたやすく予測できるはずです。ただ人を増やせばいいという短絡的な視点では管理業務をさらに煩雑にしますし、人件費増のリスクもあります。人件費とは給与総額だけでなく社会保険料などの「法定福利費」なども含めます。法定福利費は企業にとって大きな負担になっています。

設備投資をおこなう、工程を抜本的に変える、内製化していたものを外注化する、要は「経営判断」をおこなうことが肝になります。もちろん、社員1人ひとりの「工夫と改善」は大切です。2時間かかっているものをどうやって1時間半で終わらせようか、３人でやるものを２人でできる段取りをどうするか。

社員全員が考え、工夫して「昨日よりも今日」の精神で仕事に向き合うことの積み上げはたしかに会社にとってよい方向になるでしょう。このように「考えられる社員」が今後企業の財産になると思います。言われたことをただこなす社員より残業も有給も気にしなくてよい機械のほうがよっぽど優秀です。

しかし、それだけで抜本的な改善にはなりません。

「働き方改革」はいま、「働かせ改革」になっています。会社が身を切らずに無理難題を社員たちに押し付ける。昔からの気合と根性論でいまも変わらず責任を社員に押し付けていないでしょうか。**本当に「働き方改革」に取り組まなければならないのは企業側です。労働環境改善と人件費高騰、効率化に向けて大きく舵を切る。AI・DX、ヒト以外の手をどれくらい借りることができるのか。**みなさんが思っている以上に働き方改革は重要な経営課題になっています。

1-6

「10年後になくなる職業」
――10年後の常識がいまの非常識

２０１３年にオックスフォード大学（イギリス）のマイケル・Ａ・オズボーン博士が、ある論文を発表しました。オズボーン氏が同大学のカール・ベネディクト・フライ研究員とともに著した『雇用の未来─コンピューター化によって仕事は失われるのか』という論文です。

この論文では、７０２の職種すべてについて、人間以外のものにとって代わられる確率を論じています。まさにＡＩやロボットにとって代わられる、これから「消える職業」「なくなる仕事」を示した、ぞっとするような「未来予想図」でした。

原文で読むのは相当難易度が高いのですが、当時は日本のビジネス雑誌でも多く取り上げられたので記憶にある人も多いのではないでしょうか。実際の職業が明示されており、わかりやすい職業に「レジ係」「スポーツの審判」「レストランの案内係」などがありました。

２０１３年からちょうど10年経った２０２３年。この論文の「未来予想図」はほぼ的中していると言ってよいでしょう。コンビニやスーパーにはセルフレジが設置され多くの人が使っています。とくにコロナ禍をきっかけに「非対人」は加速して、セルフレジが一般的になりました。みなさんご存じのユニクロでは買い物カゴを決められたスペースに置くとタブレットに商品名と金額が表示され、袋の有無まで選択できます。10年前のユニクロですと、週末の日中にはレジに長蛇の列ができていたのが懐かしい光景です。

スポーツでも人間の視力を超えるカメラによる判定がスタンダードになりました。個人的には昔の「いや、それは一線を越えている！　越えてない！」といった乱闘みたいな騒ぎは好きだったのですが、もう争いにすらなりません。人がやっているスポーツをカメラが判定してくれる時代です。そして「カメラが示すなら仕方ない」と競技者たちも納得します。審判そのものがなくなったわけではありませんが、重要な局面はどのスポーツでもカメラに判定を一任している時代です。

レストランの案内係、要はフロアのスタッフもロボットにとって代わられました。最初の来店受付もタブレットに人数を入力すれば管理されます。おおよその待ち時間まで教えてくれ、精度もどんどんよくなっているように感じます。メニュー選びもタブレットから注文。食事もかわいいロボットがテーブルまで運んでくれます。

わかりやすく3つの例を挙げましたが、その他多くの業種にも同様のことが言えると思います。私自身は15年以上前から会計業界に身を置いていましたがいま、実感しているのは「会計ソフト」が恐ろしく賢くなったことです。銀行の口座取引データはやクレジットカードのデータも自動読み込み機能があり、入力する作業すら不要になっているのです。

入力業務は15年で1／3以下になりました。簿記の知識なんかなくても会計ソフトが補ってくれます。もし、私が25歳の時と同じ仕事をいまもしていたら、現在の収入を得ることはできなかったと思います。入力作業単価は今後ますます下がるでしょうし、決算書を作成して申告する作業は、企業の経理担当者で十分です（作業だけならば）。マイナンバーの普及がもっと進めば銀行口座などの個人資産に紐づけて管理することも可能です。そうすれば個人の相続税の申告なんて不要。四十九日を過ぎたくらいに勝手に税務署が計算した相続税の申告書と納付書が自宅に届く……と個人的には予想しています。10年以内の近い未来に実現するかもしれません。

だからといって、会計ソフトの入力をおこなっている人がダメだということではありません。「それだけやっていたらダメ」だということです。数値分析だったり説明資料の工夫だったり、業務効率化をさらに進めたり、その先に必要なやるべき仕事にどんどん積極的に取り組むことが重要です。「作業で終わるな」ということです。

少子高齢化、労働人口減少の一方で、職業そのものも大きく変革しました。「作業」はＡＩやロボットにどんどん任せないと、そもそも日本は労働人口のバランスがとれません。ＡＩやロボットに代わられるような「作業」を仕事だと思っている人が大騒ぎして反発しているだけなのです。先日、「ChatGPTを子どもたちに使わせるのは危険！」という記事を読みました。何が危険なのでしょうか。電子辞書を使わずに重たい紙の辞典を使って勉強しろと言っているようなものです。本当におかしな話です。ツールはどんどん賢くなるべきですし、積極的に活用すべきです。


10年前みなさんは何歳だったでしょうか。

この10年でみなさんの仕事は変わったのでしょうか。

この10年で御社の事業のビジネスモデル、商品、サービスは変化があったでしょうか。もしないとしたら、非常に危機的な状況です。

そしてこれからの10年はさらにこの流れは加速するでしょう。

いまの常識は10年後の非常識。

だとすれば自社がここから10年、生き残る道はいまの「非常識」の中にヒントがあるのかもしれません。

1-7 社長が経営者を辞める時

会社は経営者と一緒に歳をとるわけにはいかない。法人という名の通り経営者個人とは分離して法人そのものは半永久的な「継続」を前提に経営をしていく必要があります。極論、誰が社長になってもいい。会社を継続するために必要だったら息子や娘じゃなくても叩き上げの社員じゃなくてもいい。外部に「社長職」という求人を出したっていい。

大手企業ではそんなことが日常茶飯事で行われています。そのことは、ニュースで聞いて誰も驚きはしないでしょう。それだけあの大きな「箱」を維持するには社内の人材だけでは限界があることがわかります。会社の規模と社員数を考えれば中小企業こそ、本来は外部に人材を求めることがあってもよいのではないでしょうか。

それが何やら別世界の出来事のように捉えがちなのは、どうしても社長個人が会社を自分の人生そのもの、悪い表現をすれば「私物化」しているところにあります。社長と一緒に会社までビジネスモデルが劣化していくのは、社員にとってもお客さまにとってもよいことはありません。

社長が経営者を辞めるタイミングは必ずやってきます。ただ会社と社長は別物なので、社長の命がなくなる時に、会社も一緒になくなってしまっては意味がないことはいままで書いた通りです。「社長を辞める方法」は3つ。

①継がせる
②廃業する
③売却する

このいずれかを「社長が元気なうちに」選択しなければなりません。従来の中小企業はずっと①の継がせることを前提に経営されてきました。とくに多いのがご自身の息子さんなど血縁者です。ここにも会社を個人の所有物と考えていることがうかがえますが、時代の流れで割合はどんどん低くなってきています。現在の「空き家問題」に似ています。昔は実家を子どもが引き継ぐのは自然な流れでした。結婚して子どもが生まれ賃貸からそろそろ……というタイミングで両親と同居。そんな嫁姑問題もよくTVドラマのテーマになっていたように思います。

しかし、いまの若い世代は違います。中小企業経営者の家族はそこそこ豊かでその子どもたちに自分が受けた以上の教育を与えることが可能です。結果、有名大学などへ進学、大学卒業したあとは都内の大手企業に就職。私の住む埼玉などはそのわかりやすい例ですが、都内に勤めている息子世代は生活の基盤がすでに都内にあるため、結婚、出産を経ても実家には戻ってきません。結果、若い夫婦の実家それぞれで2つの空き家が埼玉に誕生することになるのです。

会社もまったく同じ状況になっています。大手企業は福利厚生も充実。幼い頃から父と母が仕事のことで口喧嘩をしているのを見てきた。たしかに不自由なく育ててはもらったが、父のようにはなりたくない。

そんな若い人たちは親の会社を継ごうとはまったく思っていないのが本音です。言い方を変えると「継ぎたくなるような魅力」がいまの中小企業にはないのかもしれません。子どもが継ぎたくないものをどうして他人が継ぐでしょうか。株の問題も含めて他人の叩き上げの従業員が会社を継ぐことはさらに障壁が高くなります。

そこで最近、多くなってきたのが②の廃業です。会社を閉めるという選択は何かしろめたさもあるのか、あまり大きく外部に告知する社長はいないのでしょう。みなさんが知っている以上の会社が実は廃業を選択しています。しかし「廃業」はまったくネガティブではありません。逆に**「廃業」できる会社はよい会社である証拠**です。第三章で詳しく貸借対照表について説明しますが、会社を閉める際は資産を現金化して負債などの支払うべきものを支払います。手元に残ったものを株主に分配して会社は無事閉まります。ここで実は**多くの会社は現金化した資金で払いきれないような銀行の借入金を抱えているのです。**

　そうなれば、簡単に閉めることはできず、廃業ではなく倒産。まさに社長の人生設計そのものまで狂ってくるのです。②を選択する時のポイントは「社長が元気な時に。会社が元気な時に」です。社長も元気な時に選択できれば、しっかりとスケジュールをとって取引先にも社員にも迷惑をかけることはありません。社員たちの次の就職先についてもお手伝いできます。また「会社が元気な時に」というのは財務的にじり貧になってからの選択では社員に満足な退職金も渡せません。**ハッピーリタイアを社長が選択するならば社員たちにもハッピーな状態を準備しなければなりません。**退職金は規定の有無にかかわらず、在籍年数に応じて月給の3カ月〜6カ月くらいは準備したいものです、廃業であれば雇用保険加入で受給できる失業手当の待機期間はなく、手当を受けることも可能ですし、プラス退職金をしっかり払えれば予想以上に、社員も感謝してＷＩＮ‐ＷＩＮで廃業することもできるのです。

　そして最後に最近急増している③の売却するという選択です。こちらは冒頭にあった大企業が経営者を外部から招聘するのと似ています。新しい経営者にバトンを渡し、社員の雇用面も含め引き続き事業を継続してもらう方法です。売却方法にはいくつか手法がありますし、まずはお相手探しというタイミング的な問題もあります。ベストな方法を探すには半年から1年くらいかかると思ったほうがよいと思います。また財務だけでなく企業風土や労務ＤＤ（デューデリジェンス）をおこなうと、自社は意外と「売りにくい」ということに気づかされる場合があります。難易度が高いからこそ、早めの準備としっかりとした期間を設けて計画することが重要です。

このように3つのケースのいずれかを選択して「社長を辞める」という決断をします。いずれにも言えることが「社長が元気な時に。会社が元気な時に」が肝になります。

損益計算書以上に貸借対照表（Ｂ／Ｓ）が非常に重要になってきますが、これも1年やそこらで劇的によい数字になることはありません。Ｂ／Ｓをよい状態に持っていくためには短期勝負でなく中長期勝負です。早くて5年、10年スパンで経営の舵を切っていく必要があるのです。社長が50歳になったらそろそろ、会社の未来と自分の未来を切り離し、会社も自分自身もハッピーになるような選択をする準備をスタートしましょう。

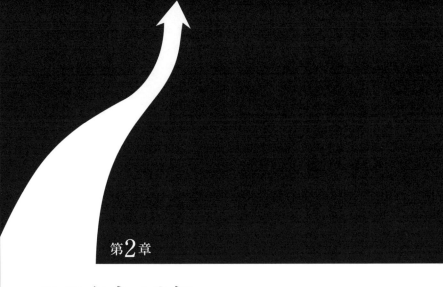

第2章

ここから10年
社長に必要なマインド編

2-1 成長する経営者の共通点

多くの経営者の方とお会いできるのは私のコンサルタントとしての仕事の醍醐味です。年齢・性別にかかわらず学びにつながる多くの出会いは仕事を超えて私の人生そのものに大きな影響を与えてくれます。

第1章では中小企業を取り巻く現状や今後の課題についてお話ししました。時代の変化とともに「変えるべき」ものがある一方で「変えてはいけない」経営者のマインドを本章ではお伝えしていきたいと思います。

業種、規模様々な経営者の方とお仕事をさせていただきますが、その中でも「成長する経営者の共通点」があるということにある時、ふと気づきました。ここでは世代を超えた共通点3つをご紹介したいと思います。

1つ目は「想いの強さ」です。とてもきれいな表現ですが、実はこの想いは本来人間に備わっている「欲」の強さが根っこにあるのではないでしょうか。私たち日本人は子どもの頃から「欲張ってはいけない」と育てられ、他人より何かに執着していたり、もっと欲しいと思うことは「いけないこと」のような気持ちを持っています。大人になるにつれて「欲」に蓋をすることが「大人になることだ」と潜在的に思っています。

しかし、本当にそうでしょうか。昔あるお客さまの会社の会議で「儲かる」という言葉を幾度となく使っていたら「儲かるという言葉はあまり好きじゃない。品がない」と言われたことがあります。正直、びっくりしました。「儲かる!・儲けてやる!」と思うこと、強く想い続けることが「品がない」とは驚きです。

最初は社長個人の私利私欲でもよいのです。もっと給料を増やしたい、よい車に乗りたい！　それでよいのです。しかし、その欲を突き詰めていけば結局「お客さま」や「社員」をないがしろにはできないということに気づくからです。自分ひとりでできることの限界を知ることが経営のスタートだと思うのです。逆に想いが中途半端だからずっと自分自身の私利私欲にとらわれるのではないでしょうか。もっと社長自身が事業や会社に対して貪欲に想い続けることが大切です。

30代で「社員のため」とか「世の中のため」と言っている場合ではありません。それらはもっと先にあるもので、言葉だけで並べても社員は誰もついてきませんし、自分の想いも強くなりません。寝ても覚めても社長は社長。24時間365日、ずっと想い続けられるものが社長自身にあるかどうか。成功する経営者は「狂人」と思うくらいの強い気持ちを持っているのです。

2つ目は「謙虚さを持つこと」です。一見ワンマン社長であってもお話ししていると、とても謙虚な方が多い。人に対してというよりも仕事に対しての謙虚さ。また普段の言動の裏側に社員に対しても謙虚で、意見を一度聞いてみようというフラットな感覚を持っていることが成長する経営者の共通点です。しかし、ここで大切なことは「謙虚さと媚びることとは違う」ということ。社長と社員の想いはどこまで行っても完全に一致することはありません。どんなに熱意溢れる社員でも社長の責任やプレッシャー、背負うリスクすべてを言葉では理解しても腹落ちすることは不可能です。社長と社員という関係は、家族でもないし、友達でもありません。もちろん恋人でもありません。それなのに勘違いしてお友達のような感覚を「チームワーク」「家族経営」と表現している会社がどれくらいあるか。社長が幹部や社員の意見に振り回される、「多数決経営」を必要以上に重んじる会社は、社長が謙虚なわけではなく、社員たちに「媚びている」状況にほかなりません。

会社とは世代も性別も価値観も違う人たちが集まる場所です。学生時代のクラスメイトだったら絶対に友達になっていないような人たちとも成果を出すために力を合わせていくことが求められます。だから、「違う」ことを前提にお互いがコミュニケーションをとる必要がありますし、「違っていること」がよいことなのです。

互いに違っているからこそ、謙虚な気持ちが生まれてくる。互いの意見から学びを得ようという気持ちが生まれる。

成長「し続ける」会社の経営者でもとてもフレンドリーに社員と接している方もいらっしゃいます。しかし、それがコミュニケーションのひとつの手法として選択しているということは継続的にお会いしていればわかります。謙虚さはアピールするものではありません。接していればにじみ出てくるもの、それが経営者に必要な「謙虚さ」なのです。

最後は、最も大事な共通点。**成長する経営者はみなさま口をそろえて「自分はラッキーだった」と言います。**自身自身には大した能力はないけれどお客さまや社員に恵まれてここまで来たという感覚を持っているのです。同じように「チャンスに恵まれた」とも表現します。昔は私も若かったので「まあ、そう言っているだけだろう（本音は違うよね）」と思っていたのが正直なところです。しかし、自分自身も会社員から小さな会社の経営者になってがむしゃらに数年間が過ぎていき、最近多くの素晴らしい先輩経営者の方々が心の底から本音でこの言葉を言っていたんだなということに気づくようになりました。

自分ひとりの力での限界や協力してくれる仲間、また選んでくれるお客さま。自分以外の環境や人々がいまの自分を創ってくださっている、それを先輩経営者の方々は「ラッキーだった」と表現していたのです。そしてこの言葉が言えるようになって初めて「感謝」という気持ちも湧き出てきます。「お客さまに感謝しよう」ということは当たり前でどこでも言われている言葉です。しかし、これを本当に体現できている経営者がどのくらいいるか。本当に成長している経営者はみなさま、このマインドに到達するのだと思います。そしてこのマインドに到達した経営者はさらに高い目標を掲げてそれを達成していくのです。

想いの強さ、謙虚さ、感謝の気持ち。

ぱっとみた第一印象はそれぞれ違いますが、根っこを辿ればこの3つに行きつきます。

先日、とある会社の会長さんに「先生、うちの会社の課題についてもっと厳しく私にも指導していただきたい」と言われました。もう80歳目前の70代経営者です。会社の業績も好調、今期も増収増益でした。それでも「指導していただきたい」という言葉が娘より若い私に対して言えてしまうこの会長さんの言葉に自分自身ハッとする、身の引き締まる出来事でした。打ち合わせの際にはノートいっぱいにメモをとって、社長や役員にもすぐに指示を飛ばします。いまでも事業に対する熱意は消えることなく若い社員が気づかないような指摘も多々あります。

年齢も会社の規模も関係ありません。成長する経営者は経営者を辞めるその時まで立ち止まることなく成長し続けるのです。

2-2 社長がすべき一番の仕事とは

様々なタイプの経営者がいます。創業社長もいますし、2代目、3代目の社長もいます。業種も会社規模も多様ですが、社長が最優先でやるべき仕事はただひとつです。

「決断すること」

決断とは「決めて」「断つ」と書きます。経営者は常に決定をしなければなりません。優秀な社員が周りにたくさんいたとしても最後に決めるのは社長ですし、社長が決めてくれないと会社は前に進めません。

とくに昨今、世の中の変化、顧客の価値観の変化が激しく、そのスピードは年々早くなっています。「いつか決めなきゃね」と言っていたら、あっという間に流れに置

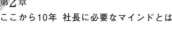

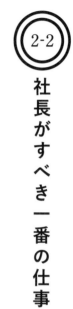

いていかれてしまう時代です。決定が正しいか、間違っているかよりも「スピード」がますます重要になっています。

真面目な経営者ほど「正しい決定をしたい」という思いが強くなり決定スピードが遅れがちです。また2代目、3代目の経営者にとっては創業社長を強く意識し過ぎてしまい「失敗したくない」という思いを常に持っています。これでは決定スピードはさらに遅くなります。

そして、このような会社の特徴は「会議がやたら多い」ということです。社内で毎日のように会議がおこなわれています。似たようなメンバーで同じような議題が複数の会議体で繰り返されています。その割には、決定事項はいまいちパッとしません。そしてアウトプット（決定から実行まで）が非常に遅いです。決定も遅い、行動も遅い、だから検証も遅くなり、結果会社は何も変わらず成長速度も遅くなります。

幹部の意見を聞くことはよいことです。しっかり情報収集しないと決定もできません。ただ、あまりにも周りの意見に振り回されて「多数決が絶対」みたいな風土になると「もうあなたが社長じゃなくていいですよね」状態になってしまいます。

私は決定に「正しさ」をあまり求めません。コンプライアンス的な正しさはもちろん大事です。しかし決定そのものが経営的に正しいか、それはもっと先の未来にならないとわからないと思っています。何より大事なことは社長自身の軸をぶらさずに、覚悟をもって決めていくこと。それがもし悪い判断だったとしても、結局それについてこられる社員とお客さまが残るだけなのです。

誰からみても正しい経営というものはあり得ません。必ず反対意見もありますし、離れる社員もいるのは、会社が大きくなればなるほど当たり前のことなのです。

これを恐れる経営者は決定の責任を社員たちと共有しようという潜在的な意識が働く。よって無駄な会議が増えていくのです。決定の責任は社員と共有することはできません。共有したつもりになっているだけなのです。

そして最も大事な決定は**「やらないことを決める」**ことです。決断は「決めて」「断つ」と書きましたが、まさに社長がやるべき仕事は「やらないことを決める」こと。

ヒト・カネ・モノの経営資源は無限ではありません。とくに人材の問題は今後ますます深刻化していきます。「やらないこと」を決めないと会社の資源は広く、薄く広がってしまいます。どの顧客に売るのか、何を売るのか。すべてのお客さまに！と言っている会社ほど利益は出ません。また社内でも新しいルールや仕組みだけがどんどん増えて「無駄なこと」「やらなきゃいけないこと」が増えてしまいます。

「新しいことを1つ始めるなら、やめることを2つ決めてください」と私もよく言いますが、このやめる決断を一般社員がしてしまったら、それこそ問題になるというものです。

社員は決められたことをやり切るのが前提です。だからこそ、社長が決断してくれないと会社は贅肉だらけのメタボ体質になってしまいます。

社長がしっかり決断しましょう。そぎ落とせるところはどんどんそぎ落としましょう。

常に筋肉質のよい会社をつくるため、社長の決断は必須なのです。

2-3 自社の事業をどう変化させるか？

「変化を前提に」と常日頃から経営者の方たちにはお話ししています。「成長」という言葉にはとても前向きなイメージを持っているのに「変化」という言葉には二の足を踏む経営者の方が多いのです。

私自身の仕事を振り返っても常に「変化」が前提でした。20代の頃は会計ソフトの入力業務と財務資料を担当者としてレビューする仕事。30代目前で転職し、税理士法人の「経営支援（コンサルティング業務）」に従事。そして、40代になって廃業・M&A業務に軸が移ってきました。移ってきたというよりも意識的に移そうとしている最中です。ではこの業務を50代でやるかと言われたら50代は別のことをしていると思います。

この10年でまた次のビジネスモデルを模索しなければなりません。たしかになくならない仕事もあります。10年以上お手伝いさせていただいているお客さまもいらっしゃいます。とてもありがたいことですし、今後も関係を継続していきたいですが、それに依存して、次のビジネスモデルを模索しないのは、成長を止めているように思います。

ただ、この変化は私自身が決めることというよりも「世の中」が決めることです。世の中の変化に対応した結果、私自身も変化したということが正しいのだと思います。

経理業務アウトソーシング化、起業ブーム、リーマンショック、事業計画策定、経営者の高齢化など……世の中のトレンドはこの15年で大きく変化しました。経営課題は時代とともに移り変わり、また時代とともに深刻化するものです。

ここまで私個人の仕事を例にしましたが、企業も同じことです。いま買ってくれているお客さまが10年後にも買ってくれると信じて、同じものをつくり続けるのでしょうか。

以前、ある社長に「製造業」とくくったら「うちは製造業じゃない、ものづくり だ！」と言われたことがあります。この会社は社長が50代後半で社員15人くらいの会社です。大手からの発注をもらい、ある部品を量産していて、値段も個数も先方の発注次第という、中小零細企業の典型的な下請け製造業でした。

ただ、この社長がこだわっていたのは「ものづくり」です。週末になると新規開発といって職人さんたちと手弁当で時にはお酒も飲みながら部品の改良や新規部品を試作していたようです。ものづくり補助金の事業計画をお手伝いした時に初めてそんな取り組みを知ることとなり、社長の「ものづくり」と言っていた意味がわかりました。勉強会というほどのものでもない、半分懇親会みたいな会だよと社長はおしゃっていましたが、その数年後に改良した部品はまったく別業界の試作品に採用され、いまはそちらの量産を受注しています。

爆発的な新製品や飛び込みで新規業界へ参入なんて、夢のまた夢だと思います。短期的な運命の出会いはないですが、それでも自分自身の事業、取引顧客やマーケットを客観的に分析しているでしょうか。

次の変化は何か。
そのために準備することは何か。
どこに投資すべきなのか。
自社の売上構成はどのように変わったか。
価格が下がった商品と上げていける商品は何か、それはなぜか。

社長が考えるべきことは今月の売上、今年の決算数字ではありません。事業をいかに「変化」させるか、そのために何をすべきか。それに尽きるのではないでしょうか。

2-4 節税思考が会社を潰す

ご縁をいただけるお客さまであれば、私は喜んで全国飛び回ります。北海道から沖縄まで問題なくこなせます。しかし1点だけ、**「節税思考が強過ぎる」社長とは契約しない**と決めています。

同じ市内でも、どんなに大きな会社でも、どんなに高額な顧問料を払ってくれても契約しません。なぜなら「節税思考は会社を潰す」からです。

節税もパターンがあり、お金の出ない節税は私も提案することがあります。しかし、「どうせ税金払うなら」と「あるだけ使ってしまおう」――そのような考えでお金を使い、節税をし続け、過剰におこなう会社は、長期的に見ると低迷していきます。

出た利益100に対して税金は30程度、全部は持っていかれません。しかし100使って節税してしまっては、手元から100のお金が失われます。これを10年繰り返していたら、当たり前ですが、30×10年＝300の税金と100×10年の1000のキャッシュ流出です。毎年黒字だと胸を張っていても会社のお金は増えていかず、いつまでも財務の安定性は確保できないのです。

過去10年の自社の決算書の「利益」「現預金」「銀行借入」を横にずらっと並べてみてください。毎年黒字だから何か節税策はないだろうか？　と騒いでいる会社に限って、現預金は増えるばかりか、銀行の借入残高は微増している会社がほとんどです。さらにこの数年はずっと黒字で経営できていた会社も「コロナ禍」による収益性は悪くなっていることもあります。ここでコロナ融資を検討した会社も多かったのは事実です。

なぜ、毎年黒字なのに現預金が増えずに銀行からの借入が増えるのか。

たとえば3000万円の利益が出たので節税したいといった会社があります。いろいろとお金を使って利益1500万円まで圧縮しました。そこから税金3割（450万円）を支払います。

税引き後は1050万円です。しかし、一方で銀行借入の返済を月に250万円しているとします。年間にすると3000万円です。

（税引き後利益）1050万円 ＜（銀行返済）3000万円

借りたお金を返しているだけなので、もちろん3000万円は経費になりません。税引き後のキャッシュから返済します。当たり前ですが、これではこの年は2000万円弱のお金がショートします。とてもわかりやすくシンプルにしましたので、減価償却やほかの細かい要素は考慮していませんが、こんな単純計算すらせずに「節税」をおこなっている会社は驚くほど多いのです。

これが毎年黒字なのに銀行からの借入金が微増する原因です。

「儲かる」とは税金を払って、銀行に返済をして、それでも現預金が減らない、増えている状態です。決して黒字になったからと言って「儲かった」と思ってはいけないのです。私も小さな会社を経営して初めて本当に税金を払うことの意味を知りました。

決して楽して稼いだ利益ではありません。社員の努力とお客さまの報酬の積み上げです。そこから税金を払うことに「少しでも少なくしたい」という思いも理解できます。私の会社ですらそうなのですから、毎月消費税の中間納税をしている会社はもっとつらい。消費税はどうにもならないので「せめて法人税だけでも……」と思うでしょう。

しかし、これが10年続いたらどうなりますか?

社長は10歳歳をとる、しかし銀行の借入金は増えている。この負債を返していくのは「後継者」です。次の世代に借金まみれのバトンを渡そうとしているのと同じことなのです。

だから、むやみな節税思考は会社を潰すのです。

2-5 未来から逆算した経営計画とPDCA

10年経てば社長も10歳歳をとります。まだまだ先の未来と思っていても10年はあっという間です。10年後にどうありたいか明確にイメージしている経営者は意外と少ないものです。

「経営は積み上げではなく逆算だ」

これは会社員時代にお世話になった税理士法人の先生の言葉です。10年後に会社はどうなるべきか。わかりやすく自分が社長を辞める時に退職金はいくら取りたいか。いまの稼ぎ頭の40代の社員たちが定年の時にはいくら退職金を払ってあげたいか。先に未来を決めて、そこから逆算で来期いくらの利益、いくらの売上と算出していくのです。

「前年比105％の売上」と言った時点でもう積み上げ思考です。それを積み上げいった先の未来に社長のイメージである、自社の姿は映し出されているでしょうか。多くの会社はこの積み上げ目標と必要な未来が一致していないのです。だからこそ社長は社長を辞められないのです。

経営計画は財務数値、人員計画でも「逆算」が基本です。

10年先の未来から逆算してまずは数字を並べてみてください。たとえば、組織の人員計画を立ててみてください。それがそのまま採用計画になります。「ああ、このままじゃダメだ」と、ここで気がつくのです。

実は「このままじゃダメだ」と社長自身が気づくことが事業計画のスタートです。よく目標を掲げる時に「ちょっと頑張れば達成できる目標がよい」と言いますが、それは違います。目標とは「達成すること」が目的ではありません。もちろん、達成するに越したことはありませんが、**究極の目的は「行動を変えること」**です。いまの延長線上に目標達成がないことを自覚し、ビジネスの仕組みや商品、サービス、それこそ「価格」から見直すくらいの抜本的な変化をおこなうことが目的です。そうなれば「誰をお客さまにするのか」というターゲットになるマーケットも変わっていきます。「ないものはよそから借りてくればいい」くらいの気持ちで変革を歓迎することが重要です。

そうなってくると「わからないことだらけ」の事業計画です。経験したことがないのですから石橋は叩いても安心できません。でもそれでいいのです。「走りながら考える」要素を残しつつ事業計画を作成しましょう。

もちろん、高い目標に対して数字だけ並べても変化は起こりません。絵に描いた餅です。ここに行動をプラスするためにアクションプランが必要になります。アクションプランはＰＤＣＡを回すために作成します。やったことがないのですからＰ（計画）は仮説と捉えてください。Ｄは行動ですが、実験するくらいの気持ちで「やりきる」

ことが大事です。

実はＰＤＣＡは昔から誰もが知っている手法で「そんなの知っている、やっている」と多くの人が言います。しかし実際に中身を見てみると「Ｐ→Ｄ→Ｐ→Ｄ」とＰとＤを繰り返している会社が多いのです。計画を立てる、実行する。やりきったか、成功したのか、課題は何なのかよくわからないまま、また計画のＰに戻る。これでは未来には到達しません。これはＰがあいまいであることが原因です。計画である仮説が詳細に設定されていないと実行があいまいになります。そして検証のＣまで辿りつかないのです。

ＰＤＣＡは1周するごとに螺旋階段のようにレベルアップしていかなければならないとよくお話ししますが、多くの会社のＰＤＣＡは学校の校庭のトラックをぐるぐる回るように1周してもまたスタート地点に戻っているのです。ＰＤＣＡは螺旋階段、3次元がポイントです。ぜひ前期、前々期の計画を見直してください。毎年同じような計画を立てていませんか？　それでは高い目標にはいつまで経っても達成できません。

事業計画は逆算で立てる。
高い目標は変化のためにある。
ＰＤＣＡは螺旋階段、３次元で捉える。

ぜひ、この３つを意識して自社の10年後の未来を描いてみてください。

2-6 社長が知っておくべき「社員教育と組織」とは

社長という人種は「社員教育」が好きです。社員教育といってもいろいろな種類がありますが、共通して言えることは「教育で人を変えるのは、簡単ではない」です。

社員さんに「直近で受講した研修どんなのだった?」と試しに聞いてみてください。ほとんど覚えていません。私自身、研修の講師もしていますから無駄とは言いませんが、10人受けて1人くらいが「きっかけ」にしてくれるくらいのレベルです。だから、いつも「1年経って、何人かがこの研修を、私の言葉を覚えていてもらえるようにやろう!」と気合を入れて研修会場に向かいます。

社長は社員研修で社員が教育できると思っています。しかし、それは現実としては難しく、よくてきっかけづくり。そもそも人はそんなに簡単に変わらないという前提に立って、社員教育を考えるべきです。

スポットの研修はほとんど効果がありません。年に何回かのシリーズものにするか、スポット研修に行ったらそれを社内でフォローアップする仕組みをつくるべきです。新人研修だったら、上司はどんな研修を受けているのか把握し、それを踏まえて日々のフォローアップをどのようにすべきかを組み立てなければなりません。新入社員と同じ研修を幹部も一度は受けるべきです。社員研修を社員教育に転嫁するためには「反復継続」が肝なのです。

実はそれに最適なのが「会議」です。時間を区切って課題や論点を明確にし、結論を出す。その結論に基づいて翌月の会議までに「誰が」「いつまでに」「何をするか」を明確にする。要は会議という時間でＰＤＣＡを回していくのです。会議について第5章で詳しく触れますが、よい会議をすればよい社員が育つのです。ＰＤＣＡは日々の業務改善にも役立ちます。

社員研修と社員教育は違うという認識と反復継続をぜひ意識してみてください。

社員教育をなぜするのか。それはよい社員、よい組織を創るためだと思います。「よい」とはここでは「成果が出る」という定義づけをしましょう。

よい組織はよく稼ぐ、そして儲かる。できれば全社員に成長してもらいたいし、働きがいを見つけてほしいのが社長の想い。しかし、そこで働く人は働く目的も違うし、人生設計も家族構成も違います。そして、そもそも能力も違います。よい組織を目指そうとすればするほど最後は評価に行きつくのです。成果に対して平等であろうとすればするほど評価がつきまとい、この数年は「評価制度」を自社に取り入れる会社が多くなっています。

実はこの評価制度がとても厄介です。

大企業のような評価制度システムを取り入れて成功している中小企業を私は見たこ

とがありません。評価制度の導入には評価項目からシステム的な仕組みの問題などを一からつくろうとするととても大変です。そうすると導入支援も含めてパッケージになっているシステムを取り入れようとします。しかしこれがそもそも大きな間違いで、まず中小企業は現場の人も含めてＰＣが全社員に１台ずつあるかと言ったらそうではありません。また生産や営業など常にデスクワークで目の前にＰＣがある環境で仕事をしていない部署もあります。

システムを入れて「３カ月に１回評価シートの入力を」と言っても、それをするために余計な残業が増えたり、入力スキルに差があったり、評価制度をおこなうことで社員のモチベーションは上がるどころか下がる一方だったりします。導入する順番や評価項目数などが非常に大事になってきます。

また、これは口をすっぱくして言いますが、評価制度を導入する際の一番のネックは「管理職者の質」です。管理職といっても、名ばかりのプレーイングマネジャーばかりです。実務スキルはあってもマネジメントスキルはありません。彼らが評価する側に立つリスクは思った以上に後々問題になります。

私は好きではありませんが、「上司ガチャ」という言葉があるそうです。それがまさに当てはまります。Aさんは当たり、Bさんは厳しいから外れ。というような評価の格差が起こります。

また評価は何のためにするのかという「管理職者の意識」を一致させないと目指す組織イメージはずれていきます。

評価項目は「社員育成のものさし」「成長の手助け」です。「○○ができていないからダメなんだ」と給与が少ない言い訳にしてはいけません。評価した内容は必ずフィードバックします。評価項目はただのきっかけに過ぎません。項目数も少なくてよいのです。それをきっかけに「社員の自己評価」と「会社の評価」の差をコミュニケーションで埋めていくこと、会社の期待するところを伝えることが評価制度の目的です。

中小企業で社員数300人以下であれば、このやり方で徹底的にやっていくことで

「よい組織づくり」は可能です。

よい組織づくりと評価は切り離すことはできない、それをおこなうためには管理職者教育が必要、社員教育は会議という場が一番。

ここまでくれば、自社が何に着手すべきか、よい組織になるために根っこはなんのかがわかるでしょう。

そして最後に「社長以上の人材は会社には来ない」という意識を強く持ってください。社長より優秀な社員がいたら、その人は他社に移っていくだろうという前提に常に立つべきです。「社員を育て、よい組織を創りたい」と思うならば、社内で誰よりも社長自身が成長しなければなりません。

よい部下を持ちたいならば、自分がよい上司になる。よい子どもを育てたければ、自分がよい親になる。子育てと一緒です。自己の成長がそのまま会社の成長につながるのです。

第3章

B/S 基本編

～必要な利益はB/Sが教えてくれる～

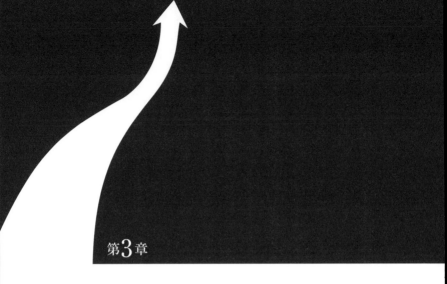

3-1 「資産」「負債」「純資産」の3つの箱で考える

さて、第1章では中小企業を取り巻く状況と10年後の姿、また第2章ではここから10年の社長に必要なマインド編としてお伝えしてきました。しかし、マインドだけで会社はよくなるでしょうか？　経営方針や考え方、これで本当によい会社を創っているのか、成果が出ているのか。これを教えてくれるのは数字以外にありません。数字は経営を測る「物差し」だといつもお話ししています。社長自身が熱い想いをもって経営した結果を分析するためにはやはり「数字に強い経営者」であるべきだと思います。第3章では決算書の中でも「経営者が見るべき数字」である貸借対照表（B／S）についてお話しします。

経営者にとって損益計算書（P／L）は売上や経費、利益から税金がいくらになるのか……と日々着目する財務資料です。経営者だけでなく役員や幹部社員たちと共有している会社も多いでしょう。

しかしP／Lはその性質上、会計期間（1年）で決算を迎えるとすべての数字はゼロからスタートするという非常に「短期的な数字」であることが経営判断においてはデメリットになることも多々あります。P／Lの数字に一喜一憂していては経営者として長期的視点で何に着手すべきかが見えなくなってしまいます。

経営者が見るべき数字は、B／Sです。B／Sは会社が始まってから一度もリセットしません。地層のように積み上がっていく帳票です。だかこそ、毎期の数字をコツコツ積み上げていかないと数字は簡単には改善しないという特徴があります。長期視点の経営をするためにはまずB／Sの理解が必須になりますので本章では基本編として進めていきたいと思います。まず、B／Sは大きく3つの箱で考えます。

まず左の箱が資産です。資産というのは「会社が所有しているもの」。「在庫」だったり「土地」だったり形は様々に変化していますが、会社が持っているものの一覧が

▶貸借対照表（B/S）の３つの箱①

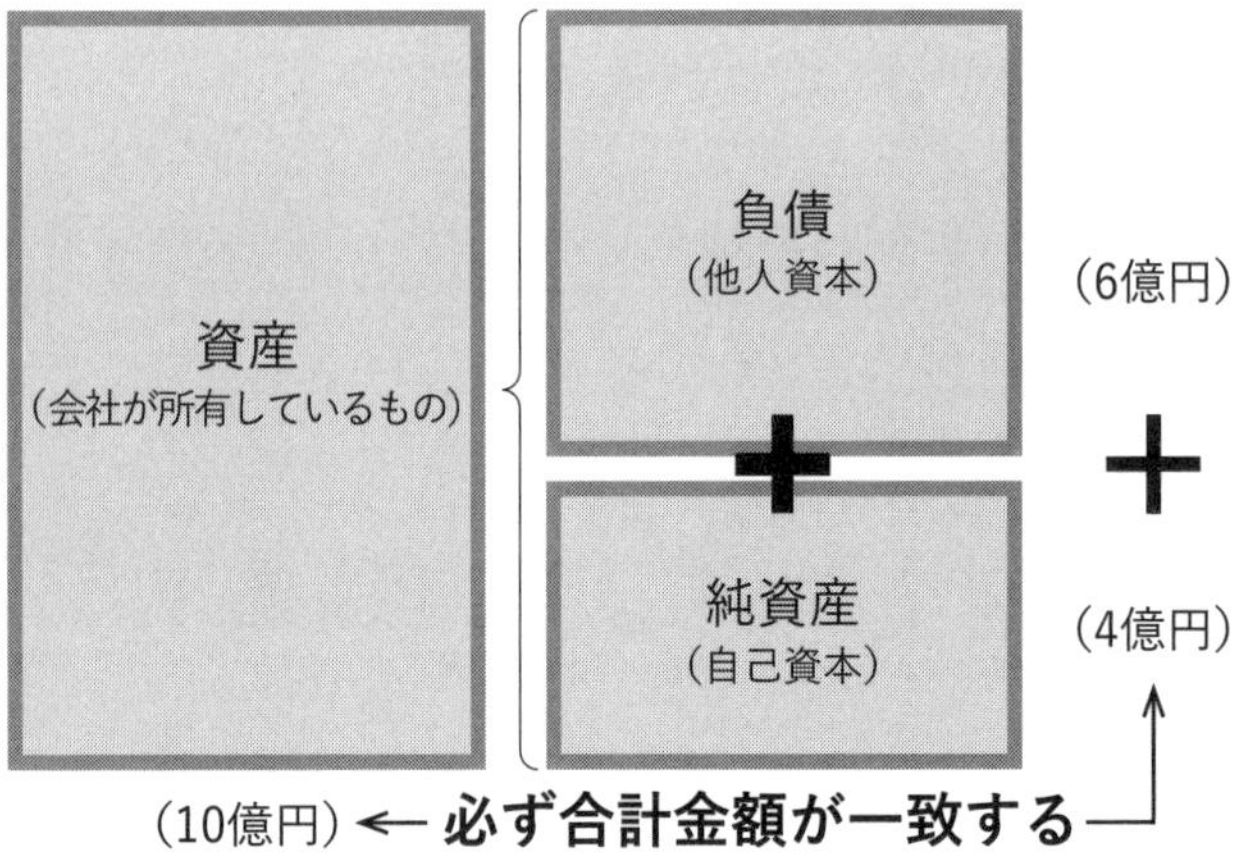

資産の部です。たとえば資産計が10億円だったと仮定しましょう。では10億円の資産を所有しているとなると資金の調達はどのようになっているのか。それが右側に示されています。「負債」と「純資産（自己資本）」の２つに分かれます。負債はわかりやすく「他人資本」とも言います。いずれ払うべきもの、いずれ返済をするものが負債です。また純資産とは「自己資本」とも言います。文字が表す通り、ここは自社の資本金と過去の税引き後利益がここに積み上がっています。負債6億円、純資産４億円。合わせて資産計と同額の10億円です。このように必ず同額にな

るのがポイントです。

資産（会社が所有しているもの）10億円＝
負債（他人資本）6億円＋純資産（自己資本）4億円

このようなイメージです。これが貸借対照表がB／S、バランスシートと言われるゆえんです。
会社の資産に対して、他人資本と自己資本の割合がどのようになっているか？
まず、３つの箱を使って大枠をつかむことが重要になってきます。

この会社は、他人資本を調達して、自己資本と合わせて10億円の資産を持っているということになります。では、なぜ10億円の資産を持つ必要があるのか。シンプルですが忘れがちな問いです。答えは「その資産を使って商売をして利益を出すため」です。資産10億円に対して実際にどれだけの利益を出したのか。これが総資産利益率（ＲＯＡ）と言われる指標です。要はこの10億円の資産でどれだけの利益を生み出せたのか。これは商売の基本中の基本です。総資産利益率は総資産を投入してどれくらいの純利益を得たのかという指標です。下記のように計算します。

総資産利益率＝当期純利益÷総資産×100（パーセンテージ）

しつこいですが、
他人資本（6億円）＋自己資本（4億円）→総資産（10億円）→当期純利益はいくら？
というイメージです。

そして、当期純利益が足りないのであれば利益から逆算していき最後に「本来、上げるべき売上はいくらなのか」というように考えます。

経営思考として売上高は最後なのです。まずはB／Sの資本調達からスタートして、それを「投資」として日々商売をおこなっているのです。私が「P／Lだけを見ていても経営的視点に立てない」と常日頃お話ししているのはこのような理由からです。

「経営は投資活動である」

この視点に立つことがB／Sを理解し、経営の武器にする出発点です。

3-2 資産とは「会社が持っているもの」

まずは、自社の決算書を手元に準備してみましょう。B／Sをみるとどこの会社もまずは「現預金」という勘定科目からスタートしていると思います。

資産の部は「現金化しやすいものから並べる」というルールに基づいて記載されています。よって、口座からおろせばすぐに現金になる現預金からスタートなのです。下に行けば行くほど、資産の部は「流動資産」という現金化しやすいものから、「固定資産」現金化しにくいものが並んでいます。

〈流動資産〉――現金化しやすいもの
・現　預　金
・当座預金

・定期預金
・商　品（在庫）※売ればすぐ現金になる
・仕掛品　※商品として完成させて売れば現金になる
・売掛金　※売上は立っていて入金待ち

〈固定資産〉
・建物付属設備
・車両運搬具
・土　地
・保険積立金

右記がそれぞれの代表格です。自社の資産の部の項目で「あれ、こんなものは捨てて（除却）しまってないよ」と言われることがたまにあります。1年に1回決算の時には資産項目と、とくに固定資産の明細の確認が必要です。無料相談に来た社長さんに「この項目は何ですか」と質問すると答えられないこともあります。自社の利益を生むために所有しているはずの財産を経営者自身が把握していないということがないようにしましょう。

金額にも着目してみると「こんな金額で載っている！」とびっくりするようなものもあります。売掛金は月商の何カ月分になっているでしょうか。せっかく売上を立てても入金サイトが遅いことでキャッシュフローが悪化している会社もあります。最近は手形も少なくなりましたが、まだまだ中小企業の取引では使われています。5年分くらい並べてみて売掛金の額がどのように変化しているかも経営のヒントになります。

また商品（在庫）や仕掛品についても注意が必要です。これらはまだ売上につながらず資産として載っていますが、簡単に言えば「お金が寝ている」状態です。商品や仕掛品は早く売上にして回転させなければなりません。また長期で保有している在庫はすでに商品価値がなくなってしまっていることも多いです。お金が寝ているどころか「お金を捨てている」状態になってしまっていないでしょうか。これもキャッシュフローを悪化させる原因です。売上高を上げようと商品のラインナップを増やしたのはよいが、その分在庫が増えたり、在庫管理が煩雑になり不良在庫が増えている……。

これでは何のために売上を上げたのかわかりません。常に人材不足でアナログ型の中小企業にとっては在庫管理もひと苦労です。塵も積もれば山となると言いますが、やはりここがきちんとできていない会社は社内のいたるところに、見えないロスが潜んでいる可能性が高いのです。

製造業の会社で現場で働く社員さんたちに向けて「なぜ、在庫管理をしなければならないかわかりますか?」と聞いてみると、その目的や意味を理解している人はほとんどいません。「ものを大事にするってことですよね?」という回答が一般レベルです。大事にするといってもいつまでも棚の奥にしまっておいては意味がありません。早く売上につなげて現金化しなければいけないのです。また商品や仕掛品はすでにお金から何かしらの形に変わって寝ている状態なのに売上につながっていない（売上に対応していない）ことから損益計算書では仕入れから控除します。

・売上高：10
・期首棚卸：2
・仕入高：4
・期末棚卸：3

10－（2＋4－3）

という計算になります。

期首棚卸というのは前期から引き継いだ在庫です。これは今期の売上につなげて経費化するので今期新たに仕入れた4と足します。そして期末に在庫として残ったものは「引き算」するのです。ということは3については実際お金は払っているのに経費には入らないのです。これが「お金が寝ている」という表現の理由です。もし在庫管理がきちんとできていないと損益計算書の利益にも影響が出ますし、当たり前ですが税金にも影響します。表現は悪いですが、「無駄な税金」を払う可能性があるのです。

この「在庫は引き算する」という感覚を現場の人はほとんど持っていません。1回ではなかなか理解してもらえませんが、何度も説明していくと次第に理解が深まり「自分たちの日々の業務」が会社の利益に大きくかかわっているということも実感してもらえます。だからこそ、5Sでいう「整理」「整頓」などの意味も重要になってきます。

在庫管理なんてわかっていると言っていても、現場どころか管理職者自身が腹落ちしていないものなのです。

まずはB／Sの資産の部。項目と金額をしっかり確認しましょう。

3-3 負債とは「いつか払うべき借金」

さて、資産の部の総チェックが終わったところで、今度は「負債」の確認です。負債についても**「すぐに支払わなければならない順」**に載っています。買掛金、短期借入金や未払金、預り金など、短い期間で支払いをしなければならないものを**「流動負債」**と言います。

預り金が負債ですか？　という質問を受けますが、現預金としては手元にありますが、いつか返さなければならない（支払わなければならない）のが預り金です。このように考えると負債ということになります。

また未払費用についても給与の締めと支払いにおいて「末締め」の「翌月25日払い」となっていると、これは月末から翌月25日まで支払いを猶予しているという意味で負債になります。このように**負債とは必ずしも「借入」という意味でなく支払いを猶予してもらっているものという意味になります。**

その下に「固定負債」がきますがこれは「長期借入金」という銀行からの借入金が主要な項目になると思います。

短期的な支払い期限があるものと長期的な支払い期限があるものに負債は大きく分かれていて、このバランスもキャッシュフローに影響を与えます。また、社長自身が認識してない買掛金についても仕入や外注先への支払いになりますが、売掛金の売上高は立っているのにまだお金が入っていないものと、買掛金の仕入、外注にこれから支払うもののバランスもキャッシュフローを見る時の重要なポイントになります。

昔ある社長さんが「入金は1日でも早く、支払いは1日でも遅く！」と言っていたのを聞いたことがありますが、賛否両論はあるとしてもキャッシュフローの考え方としてはわかりやすい表現だと思います。

また負債の大きな項目である長期借入金については銀行からの借入金であると前述しましたが、銀行からのお金の借り方は短期と長期があります。これもキャッシュフローを見ながら上手に使い分けることが大事です。長期借入金の借入目的としても「運転資金」と「設備資金」があります。設備資金とは建物設備などの大型設備投資に向けての融資で、返済期間も長いものでは10年以上のものもあります。一方運転資金とは先ほどの売掛金と買掛金のバランスを補うためという考え方が一般的です。

運転資金＝売上債権（**売掛金や未収入金**）**＋棚卸資産－買入債務**（**買掛金**）

・今月の売上高　　　：２００
・棚卸資産（在庫等）：３００
・今月の仕入外注費：１００
の時には
200＋300－100＝400

となります。

要は売上と仕入外注のキャッシュフローのズレを補うために必要なものです。とくに業績が急速によくなっている時には、毎月このズレは大きくなり、現状の現預金では補えない場合があります。よって急成長してない、売上が下がっている、そんな時に「運転資金」は必要になることは基本的にはありません。返済期間も5年から7年という比較的短い期間に設定されています。

よく社長さんが「運転資金で3000万円借りる」というように「運転資金」という言葉を使いますが、運転資金というのは赤字を埋めるための借入ではないということです。税金が払えないから借りる……これも運転資金ではありません。

このように運転資金と言っているケースのほとんどは現在の損益計算書で出ているキャッシュフローに返済額が追いつかず、資金ショートしていることがほとんどです。

このカラクリについては後半で詳しくご説明します。

まずは、負債の項目と金額、そして流動負債と固定負債のバランスを確認してみてください。そして、過去10年くらいの銀行からの借入金を並べてみて、自社の銀行借入が増えているのか減っているのか。それはなぜなのか。検証していただくと、これからの未来の目指すべき財務状態が見えるヒントになると思います。

3-4 純資産とは「過去の利益の積み上げ」

3つの箱の最後、「純資産」ですが、別名「自己資本」とも呼ばれています。他人資本である負債と対になるため、純資産をこのように呼ぶのです。

自己資本とは「資本金＋過去の利益の積み上げ」です。

損益計算書は毎年決算でリセットしてしまう「短期的な数値」と説明しましたが、その損益計算書で毎年出してきた利益、当期純利益が実はB／Sの純資産の部に積み上がっていっています。**「繰越利益剰余金」**という項目の数字を確認してください。

資本金が1000万円でスタートした会社が20年経って1億円の純資産になっているということは、わかりやすく言うと1000万円の元手で始めた商売が20年で1億円になった！　ということです。そんな単純なわけはないのですが、最初はこのくらいざっくりと捉えていただいてよいと思います。

この会社の場合は９０００万円÷20年＝４５０万円、税引き前だと０・７で割り返して約６４０万円の利益を平均で出してきた会社ということになります。ここで「平均」といったのは20年で単純に割っていることと、黒字であれば積み上がる純資産ですが、赤字を出せばマイナスされていくという仕組みになっているからです。よって、この会社が20年、赤字の年も何年か経験しつつも平均したら６４０万円くらいの税引前利益を出してきたということが瞬時にわかります。

無料相談で弊社にお越しいただいた時は、私はまずこの数字を見ます。決算書の表紙には必ず「第〇期」と書いてあるので、最初の雑談をしながら、ざっくり計算して社長さんが2代目だったら先代にこれくらい退職金払ったのかなぁとか想像しながら大まかに会社の傾向をつかみます。以前、ちょうど社長になって6年目という方が無料相談で来社しました。決算書を2年分くらい拝見して「先代は結構節税思考が高い方だったりしませんか？　業種的にはリーマンショックの時とか大変でしたよね」とお話ししたら、「なんでわかるんですか！」と非常に驚いていました。その後、ご契約していただきいまもお付き合いがありますが、いまでも「あの時は占い師かと思った」と笑い話になります。あの時の私は占い師に見えたとしても、いまは社長ご自身がB／Sを読む力をお持ちなので、あくまで笑い話です。

このように純資産には経営のよい時も悪い時もすべてが詰まっています。黒字になれば、1000万円の資本金でスタートした会社は1億円にも5億に円もなりますし、逆に赤字を毎年出していけばいつかは元手にした資本金1000万円も底を尽きてしまいます。そして1000万円を食い潰してマイナスになってしまったら「債務超過」です。

そうなると冒頭の説明した図は次ページのように変わります。

右側にあった純資産はマイナスになり左側に移動しました。会社の持っている資産＋赤字の累積を右側の負債でカバーしているような図になります。債務超過とはこのような状態なのです。

▶貸借対照表（B/S）の３つの箱②

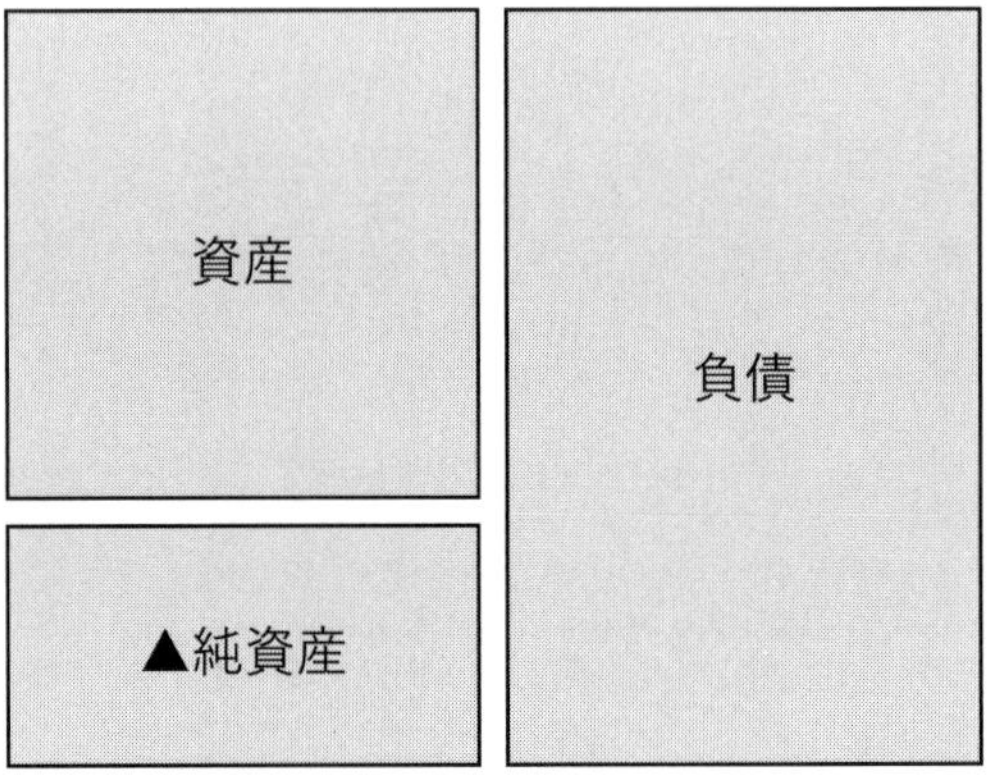

これでは元手も何も会社はすでに経営者のものではなく他人のものといった感じですね。厳しいようですが、これでは経営は成り立っていません。

純資産が蓄積されていればされているほど、単年の赤字で簡単に債務超過にはなりません。コロナ禍のように何年も状況が悪化した時でも生き残ったのは、純資産を過去に積み上げてきた会社でした。純資産が会社の安定性を示しているとも言えます。

一般的に言われるのは資産１００に対して負債70、純資産30でひとまず合格ラインとなります。資産に対して30%くらいは自己資本をキープしてね、だったら銀行も負債として資金調達をお手伝いしますよという目安です。これを「自己資本比率」と言います。**まずは自己資本比率30%を目指しましょう。**あくまでも割合なので、自社不動産を所有していたり、急ピッチで店舗展開をしていると資産が増えていくスピードになかなか純資産の割合（利益の積み上げ）が追いついていかないということもあります。パーセンテージだけでなく、ぜひ絶対額にも着目してください。1年でガラッと変わる数字ではないですが、長期的な経営にはなくてはならない指標です。

3-5

利益はあるが、現金がない理由

第3章はここまでB／Sの3つの箱それぞれの基本的なポイントをご説明しました。さあ、ここからはさらに自社のB／Sを経営者視点で見ていきましょう。

「こんなに利益が出て税金を払うのに、なぜいつも現金が足りないんだ！」というセリフはいままで何度も、いろんな社長さんから聞いてきました。何年経営者をやっていても決算の納税の時に「いや、そんなに現金増えてないよ！」と誰かに対してよくわからないですがイライラしている経営者の方々。

私自身、法人税を払う立場になっていまはちょっと気持ちがわかりますが、おしゃっていることは間違っています。

「利益が出ているがお金がない」というのはいくつか理由がありますが、まず大前提は「利益とお金は別もの」ということです。

利益はあくまで損益計算書で出しているもので「収益－費用」です。会社に入ってくるものは不思議なくらい収益として計上しますが、費用はまったく別で「お金を払っても費用にならないもの」が借入の返済だったり、保険の積立だったりと費用と実際の支出に差が生じます。そうすると当たり前ですが、利益と現金残高にも差が生まれます。

それ以外にB／Sで着目していただきたいポイントは**流動資産と流動負債のバランス**です。ここで資産と負債の部でもお話ししましたが、それぞれ「すぐ現金化できる資産」と「すぐに支払いをしなければならない負債」を示しています。

仮に資産を潤沢に持っていても、それが土地や建物に変わっていたらどうでしょうか。土地や建物は「固定資産」といって、すぐに現金化しにくい資産の形です。こうなってくると流動負債をカバーすることが難しく、キャッシュフローは悪化するケースがあります。

流動資産 ＞ 流動負債……短期的な支払いにキャッシュを充てやすく安定

流動資産 ＜ 流動負債……短期的な支払いにキャッシュがショートする可能性があり銀行借入に頼る可能性あり

同じ資産額でも流動資産と固定資産の割合によって大きな違いが出てくることがわかります。とくに土地を持っている会社は流動資産＜流動負債の傾向が強くなります。

ご承知の通り、建物設備や車両は減価償却費で経費化していきますが、土地は購入した時の価格が簿価（帳簿価格）で載っている状態です。購入したら売却する時まで金額が変わらず経費化できません。まさにお金が寝ている状態です。ですので、仮に借地であれば賃料が経費になりますが、購入した土地は経費にならない分、利益が出ます。

銀行借入によって資金調達をした場合には土地は経費化しませんが、「1年以内の長期借入金（銀行の長期借入金の返済1年分の元金を流動資産に振り替える項目）」で返済（支払い）はおこなわれます。土地は固定資産で経費化しない一方で、10年以上にわたり返済はおこなわれるので資金繰りが悪くなるのが当然です。

このようなお話をすると「借金はよくないんだ」という銀行からの借入に対して悪いイメージを持つ経営者もいますが、それも極端です。自社のキャッシュのみで投資活動をおこなっていれば、たしかに返済はありませんが、投資できる規模は限られてきます。

個人家庭の家計簿のように貯金してもそこから住宅ローンを繰上返済して……というように「なるべく早く返済を終えたい」という思考で逆に流動資産の余裕をなくしてしまっている会社も見かけます。これでは短期的な資金繰りに苦しみますし、大きな投資はできません。

大事なことは、借入を「返そうと思えばいつでも返済できる」くらいの流動資産の余裕を持つことです。

これによって流動負債や固定負債の長期借入金についても余裕をもって投資活動にもキャッシュを充てることができます。

流動資産と流動負債のバランスを見ながら銀行借入の絶対額をみていく、また資産全体の構成比を確認していくことが「利益も出しながら現金も確保する」ポイントになってきます。

3-6 利益は出ても、減らない借金の謎

ここまで利益とキャッシュは別ものという話をしてきました。ここを同一に考えてしまうと「毎年利益は出ているが銀行からの借入は減らない」という現象が起こってきます。固定資産を固定負債（銀行借入）で購入した場合は注意が必要です。同じ会社でも工場を借りているのか、自前で建てているのかで利益は大きく異なります。

・家賃50万で工場等を借りている……50万×12か月＝６００万が**経費**

・銀行借入して土地を購入して工場を建設、毎月50万の返済……６００万は**経費にならない**

※建物については減価償却費で経費になりますが、年数は構造によって30年から50年と長期化しますので、ここでは考慮しません。

上記のような差があるのに「家賃で毎月50万円払っているなら返済50万円もできるだろう」と考える社長が実は意外と多いのです。これは、「家賃15万円払うなら、住宅ローンの返済で15万円払ってマイホームを買ったほうがお得」という考えに似ています。しかし、個人は給料から所得税を引いて手取りの中から家賃もローン返済も支出します。どちらを選択しても収入（給料）の経費にはならないのです（住宅ローン控除はその点では所得税を圧縮してくれますので一定の効果がありますが）。まず、ここが大きな違いです。

また、個人であればいつか定年退職をしていまと同じ収入は得られなくなるだろうという大前提があります。だからこそ、若いうちにマイホームを購入して60歳までに返済を終え、自分の資産にしておけば、そのあとは家賃がかからないという考えに至ります。

しかし、会社は「いつか収入が減る」という前提で経営するのではなく「半永久的に継続していく」という前提です。逆に継続させるためには、もしかしたらその時々の会社規模やビジネスモデルに合わせて箱も変化していく可能性が出てきます。そもそも、個人と法人では固定資産に対する考え方の前提が違うのです。

話は戻りますが、経費になるかならないかで利益が変わり、税金にも差がつきます。当たり前ですが、毎年600万円の差が10年で6000万円です。税率30%と考えたら1800万円余計に税金を払うことになります。単純な計算でこのくらいの利益と税金に差が出ますので、実際のキャッシュフローではさらに差が出てきます。

そのキャッシュショートを「運転資金」で補う会社が実は非常に多いのです。設備資金で借りた返済は毎年しっかりできていて、ずっと黒字でもこのようなキャッシュフローの悪化を「運転資金」という名目で借りたり、既存の運転資金の残高が3000万円なのにここに「真水」で2000万円を乗せて5000万円で「借り換える」ということをしていると、「設備資金」が「運転資金」に名称が変わっただけで、借入の総額は減るばかりか、微増しているという黒字会社は多々あります。

自身の年齢を考えてみてください。仮に50歳だとしましょう。自分自身が40歳の時から銀行からの借入はどのようになっていますか？　そのペースでこの先10年経営していたら、ご自身は60歳でどのようになっているでしょうか。

大きな固定資産を購入したらちょうど7、8年くらいでキャッシュフローが悪くなります。経費にならない銀行の返済分で余計に利益が出ると、節税をしようと考えてさらにキャッシュフローは悪化します。たしかに借入金のお金に色はついていません。しかし、冷静に自社の固定資産と固定負債を見てみると何かおかしい、利益も出ているのに、税金も払っているのに……と気づく会社は多いのではないでしょうか。

3-7 B/Sが教えてくれる「必要な利益」

黒字なのに銀行からの借入が減っていかない……というお話をしてきましたが、「じゃあ、どれくらい利益を出せばいいのか」という声が聞こえてきそうです。

次のテーマはB／Sが教えてくれる「必要な利益」です。

「売上の何パーセント利益を出せばよい」という、都市伝説のようなことを真に受けている経営者もいますが、まったく違います。大事なことは利益が出ることではなくキャッシュフローが回ることです。

まずP／Lの当期純利益（税引後利益）に今期の減価償却費を足してみてください。これが簡易キャッシュフローです。細かく出すと難しく感じますので、社長自身で計算するなら簡易的なやり方で十分です。簡易キャッシュフローが出たら、B／Sに戻って長期借入金や長期未払金（機械などを長期で支払いをしているもの）など、「借入残」の総額を確認します。この借入残を簡易キャッシュフローで割ってみてください。

償還年数＝（長期借入金（銀行融資）＋長期未払金）÷簡易キャッシュフロー

これが「償還年数」というものです。**「今期単年度の簡易キャッシュフローで現在の借入金を返済するとしたら何年かかるか」**という指標です。まずは10年以内に収まっていることが基準になります。今期のキャッシュフローで割った時に10年以上になってしまっていたら、赤信号と考えてください。

リーマンショックで「金融円滑化法」が時限立法として成立し、東日本大震災などもあり何度か延長されました。この時に償還年数15年くらいまでは融資をしようとなりましたが、通常は10年で「お腹いっぱい借りている」状態です。

通常時にお腹いっぱいだと「いざ」という時の借入は経営に重くのしかかります。記憶に新しい「コロナ融資」と言われるものも通常時10年の償還年数に救済的措置として融資されました。返済についても数年間の猶予を経て元金返済となり「急場をしのぐ」には効果があったと思います。しかし、このコロナ融資も結局は借りたからには返すべき負債です。コロナが５類になり人々も少しずつ平常な生活を送れるようになりましたが、コロナ前の経営状態に１００％戻れた企業がどのくらいあるでしょうか。残念ですが、少数派かもしれません。

目標とすべきは通常時で償還年数６、７年くらいに収めておくことです。これであれば急場の融資がその後のキャッシュフローに与える影響は最小限で済ませることが可能です。

ここで必要な利益の計算になりますが、償還年数を逆算して必要なキャッシュフローはいくらになるか計算してみましょう。

長期借入金（5億円）÷6年≒8300万円となります。
この会社の減価償却費の過去5年くらいの平均を出してみましょう。
3000万円だとすると、
8300万円－3000万円＝5300万円になります。

これを税引き後で出していくことになりますので0・7（税金3割）で割り返すと7571万円、約7600万円の経常利益を毎年出していく必要があります。

これが必要な利益です。ここに固定費を足して、粗利率で割り返していくと必要な売上高が見えてきます。このようにキャッシュフローを重要視して償還年数から必要利益、必要売上を逆算していくとほとんど会社は「節税している場合ではない」状況であることがわかります。

私の計算はとてもざっくりとしていて単純です。もっと細かくやろうとすれば他にもやり方はありますが、大事なことは「使いこなす」ことです。ちょっと電卓叩いて実務やマネジメントに忙しい経営者や幹部の方がパッと計算できる程度がよいのです。

最低でもこの簡易キャッシュフローと償還年数を決算の際には確認してみる必要がありますし、新規や折り返しで銀行から借り入れをしたいなと思った時にも参考になります。銀行からお金を借りる……これを銀行から投資してもらう、銀行は自社の事業に投資していると考えてみると、これを何年で回収できるのか、そんな視点に立ち、必要な利益を計算することが必要です。

全社でなく店舗ごとや営業所ごと、事業部ごとにこれをはじき出していくとそれぞれの必要利益に応用することもできます。経営者だけでなく店舗責任者のフェーズまでこの感覚は持っておいてほしいと思います。

3-8 社長の退職金はどこからとるのか？

「給料が安い」と言う社員の方に「じゃあ、いくらなら満足なのか」と問いかけると多くの方は明確に答えられません。同じように経営者の方に「自分が社長を辞める時にいくら退職金をとりたいか」と聞くと意外に明確な金額を答えられる方が少ないように思います。

「とれる分だけとりたい」では積み上げ方式になってしまい、結局は満足な金額はとれないケースが多いでしょう。もちろんご自身の退職金のために経営しているわけではないでしょうが、ある程度自分自身の社長としてのゴールを見据えてそこから逆算してB／Sをつくっていくことが大切です。

B／Sを見ながらご自身の退職金をいくらとれるだろう？　と考えてみてください。

計画的に生命保険などで一部を損金にしながら退職金を準備し、それを解約した時の返戻金の中から退職金をとる仕組みをつくっている会社もあります。これもひとつの手段ですが、いまは生命保険も損金性が少ないものばかりであまり節税効果がなく、また全額を保険で準備できている会社はほとんどありません。また生命保険を退職金代わりに初めても何十年の間に経営危機の手当てとして解約し資金化してしまうケースもよく見られます。全額を生命保険というより、準備を分散させておくことが大事だと思います。

では、その他どこに着目するかというと「純資産」の項目です。ここは資本金＋過去の利益の積み上げというお話をしてきました。毎年出してきた利益をここに積み上げ、赤字が出ればここの金額は減っていきます。いま、自社の純資産の金額はいくらになっているでしょうか。

仮に1億円であれば、2億円とった瞬間にその期のP／Lの特別損失に2億円の数字が乗りますので、経常利益が5000万円だったとしても債務超過5000万円の会社となってしまうわけです。保険で５０００万円の解約返戻金があったら、それは雑収入に乗ってくるので、自己資本ゼロから次の期はスタートすることになります。

P／L：雑収入　５０００万円（保険の解約返戻金）
特別損失　２億円（役員退職金）
税引前利益　△１億５０００万円＋経常利益５０００万円
⬇
B／Sの純資産１億円－１億円＝ゼロ

単年度で純資産が１億円からゼロとなってしまいました。ポイントは「純資産の積み上げた範囲から退職金をとる」というところです。そうしないと自己資本比率が大幅に下がってしまうので財務の安定性が損なわれてしまいます。

純資産から退職金を考えると過去の積み上げの中で「何年後にいくらの純資産」にするべきかが見えてきます。生命保険などはあくまで＋αくらいで考えておいて、社長の経営の蓄積である純資産から満足のいく退職金をとれるように逆算して純資産額を設定すれば、毎年いくら利益を出していくべきなのかという利益計画まで含めてイメージしてもらえるのではないでしょうか？

最後に、純資産の金額＝現預金の金額ではありません。純資産の金額よりも手元にあるキャッシュが少ない会社が多いのです。積み上げてきた利益は流動資産ではなく固定資産に形を変えているケースです。これは資産バランスの問題になりますが、ここも含めて社長が目指す退職金と純資産と＋αの生命保険、そして現預金の資金計画、このようないくつもの視点で考えていくことが大切です。

3-9 変化に対応、オフバランスのすすめ

資産の部の流動資産と固定資産のバランスはキャッシュフローにも大きな影響を与えることをお話ししてきました。昔はある程度利益が出てきたら、自社ビルや自社工場などは経営者のひとつの目標であり、夢でした。しかしこれらが固定資産を増やす最も大きな原因です。

ここで「オフバランス」と言われる財務の考え方をご紹介します。

オフバランスとは、B／Sに記載されない取引の資産・負債のことを指します。資産や負債を、B／Sからオフ（消す）することで、企業価値を高めるという目的です。

オフバランスにすることで貸借対照表の資産が整理され総資産額は圧縮されます。そのために総資産に対して純資産の割合が高まり、自己資本比率改善され評価は高ま

ります。総資産額を減額するメリットは総資産利益率を高めること点もあります。もともとはアメリカで、株式の価値を上げるために使われていた方法です。

代表的なオフバランス化の方法は、まず資産の売却です。保有している資産を売ってしまえばその分、貸借対照表はすっきりします。中小企業でも別会社（子会社やオーナーの資産管理会社）に不動産を売却し、そこに対して家賃を支払うことでスリムな財務体質にするのです。また別会社への家賃の支払いが発生することで経費性を高める効果もあります。

オフバランスは、一時期、積極的に活用されてきた手法でした。一方でやり過ぎてしまうと貸借対照表に記載されないということは、見えない資産や負債があるのでは？　ということも問題になりました。会社の取引実態がつかみにくくなり、決算書本来の「情報の公開」という原則に反してしまうため、最近ではオフバランス化を見直す企業も増えています。

ただ、それでもバランスシートのスリム化で、財務指標の改善ができるというメリットは大きいものです。適切なオフバランス化はいまもおこなわれています。

しかし、一度持った資産を整理する、他社に売却するというのはかなりのエネルギーが必要です。また自社で持っている固定資産で事業に影響のないものはオフしてもよいとは思いますが、自社ビルであったり工場であったり「実際に使っている」ものが多いのも実情です。そうなってくると重い腰はなかなか上がりません。

現在は、オフバランスの決断よりももっと手前の段階で「持たざる経営」が若い経営者の考え方になっています。要は「所有しないで、できるだけ借りる」という考え方です。オフィスにしても社員数や事業規模が、成長段階にある会社にとっては所有してしまうことが逆にデメリットになります。固定資産を持つということはある程度未来の事業モデルが決まってしまうというリスクがあるからです。

店舗展開にも言えますが、スクラップ&ビルドでどんどん新しいマーケットに進出していくには「賃貸」が一番です。

成長期においても言えますが、事業縮小、事業転換においても「持っていないこと」は身軽な経営につながり大きなメリットになります。

固定資産を持つことで事業展開のスピードや決断が遅くなるよりはもともと持たずに「借り物」を前提に経営していくことで「変化」に対応しやすくなるという視点もこれからの経営者には必要になってくるのではないでしょうか。

3-10 消費活動から投資活動へ

何十年も社長として会社を経営している方でも、実は貸借対照表をしっかり見ている人はあまり多くありません。そのため、この章では基本的なB／Sの考え方から経営的視点でどの項目をどのようにチェックすべきかをお話ししてきました。

経営的視点という部分で一番大事なことは**「経営は投資活動だ」**という大前提です。

会社がお金を払うものはすべて「投資」だと思っています。若い社員を採用して一人前になるまでに早くても3年くらいかかるかもしれません。それでも会社は採用活動をおこないますし、研修などを通じて「社員教育・育成」を根気強く取り組まなくてはなりません。

この3年間の若手社員への給料は「投資」です。よく新入社員研修でも若手社員の方々にお話ししますが、材料仕入で言ったら「在庫」と同じ状況です。まだ売上や利益につながっていない。残念ながら人件費は材料のように在庫計上はできませんが、一人前になった暁にはきっと会社に貢献してくれるだろうという先行投資なのです。

このような視点で会社から出ていくお金を、そしてB／Sを見てください。資産の部には社長の個人的なもの、売上につながらない「消費活動」のような資産はないでしょうか。

株式会社を設立するにはまず、通帳に資本金を入金してコピーをとって登記資料に添付します。通帳に100万円入金したとしたら

B／S）現預金100万円／資本金100万円

どんな会社もここからスタートします。株主が１００万円を投資して事業はスタートするのです。その１００万円から材料10万円分仕入れたとしましょう。

B／S）現預金90万円／資本金１００万円
在庫10万円

となります。現預金が材料仕入に形を変えたのです。ここからP／Lに移って初めて商売のスタートです。この10万円の仕入が売上15万円を生み出したとします。

P／L）売上高15万円　仕入10万円＝5万円の利益！
B／S）現預金１０５万円／資本金１００万円
／繰越利益剰余金５万円

子どものお店屋さんごっこのようですが、簡単にイメージすればこのように事業というのはスタートしていくのです。

やがて、もっと大きなチャレンジをしようと思ったら自社の資金力では足りなくなるかもしれません。銀行から200万円の借入をしました。

（B/S）現預金305万円／長期借入金200万円
（〃）／資本金100万円
（〃）／繰越利益剰余金5万円

このように負債の部が生まれます。創業者であれば誰しも経験したことのある局面ですがこの感覚は経営する限り忘れないでいただきたいですし、承継した経営者にも知っておいてほしいことです。

株主も社長も自分であれば、自己資金を「投資」して資本金にする。商売をしていれば、大きなチャレンジをする局面がある。その時には銀行借入を行い他人資本からも資金調達をおこなう。社長の高級外車を買うためでなく、事業に必要な資産を所有して、またP／Lで利益を出すためなのです。

経営者の視点は常に「自社の投資活動はどうか」という視点です。消費活動は極力排除していくことを意識すべきです。そうすることによって強い財務体質、強いB／Sをつくり、さらに高収益を実現する成長する企業をつくることができるのです。

第4章

B/S 応用編

～自社の価値はいくらになるのか～

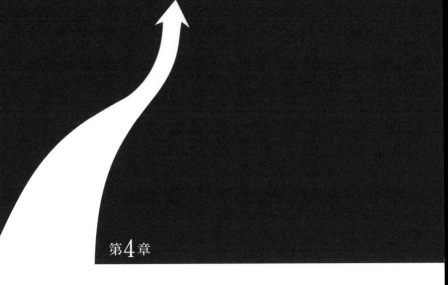

4-1 スモールM&A――「リアルな市場はこうなっている」

近年、中小企業経営者の価値観として最も大きな変化はM&Aの取引件数に表れています。

以前は、「M&A」と言えば何か大企業同士で行われるようなイメージでした。しかし、近年では中小零細企業でも積極的に選択される手法となり、この事業承継の問題を解決するうえで注目されたのがM&Aです。

地元の金融機関でさえ「M&A先のご紹介」で手数料を取るという時代になってきました。会社を経営していれば、毎日のようにM&Aの斡旋会社からの営業DMやFAXが届いてきます。もう「M&A」という言葉を知らない経営者はいないのではないでしょうか。

事業承継の手段として「社外への引継ぎ」は増加傾向にある。その中でも特にM＆Aについては、事業承継だけでなく、企業規模の拡大や事業多角化など成長戦略の一環としても、中小企業の間で広がりを見せている。また近年では、M＆Aの目的を実現させ、その効果を最大化するため、M＆A成立後に行われる統合に向けた作業を重視する動きも出ている。そこで本節では、始めにM＆Aの動向を概観した後、M＆Aの効果を発揮するために必要なM＆A成立前後の取組について分析を行う。①M＆Aの動向は、我が国企業のM＆A件数の推移を見たものである。(株)レコフデータの調べによると、M＆Aの件数は近年増加傾向で推移しており、2022年は過去最多の4304件となった。これはあくまでも公表されている件数であるが、M＆Aについては未公表のものも一定数存在することを考慮すると、我が国におけるMAは更に活発化していることが推察される。

また、第三者に事業を引き継ぐ意向がある中小企業者と、他社から事業を譲り受けて事業の拡大を目指す中小企業者等からの相談を受け付け、マッチングの支援等を行う支援機関として、事業承継・引継ぎ支援センターが全都道府県に設置されている。第2－2－43図は、事業承継・引継ぎ支援センターの相談社数と第三者承継に関する成約件数の推移を見たものである。これを見ると、相談社数・成約件数共に近年増加傾向にあることが分かる。このことから大企業だけでなく、中小企業においてもM&A件数が増加していることが分かる。

出典：「2023年版中小企業白書」

この増加の原因として考えられるのがやはり経営者の高齢化、後継者不在というキーワードは外すことができません。少子化が今後も進む中でいまの企業数を維持すること自体が難しいのではないかと思います。

私自身がコンサルティングでM&Aの企業マッチングのプラットフォームを利用しています。特徴としては「スモールM&A」に特化したプラットフォームです。大まかに取引のボリュームゾーンは年商2億円程度の企業ですが、2022年の売り手登録件数は1万5000件弱となっています。登録データだけですが、買い手の買収予算額は100万円〜1000万円が38%とボリュームゾーンになっていることから、一般でイメージされているよりはるかにお手軽な予算でM&Aは成立していることがわかります。

実際に、いますぐに取り入れるかどうかは別ですが、10年後の会社の未来のひとつの選択肢として、社長自身が情報や知識を持っておくのは最低限の経営スキルとなった時代といえるでしょう。

4-2 自社の価値はいくらか？

日々仕事をしていると考えることはほぼないと思いますが「自社の価値」はどの程度のものか。

前述した通り、M＆Aがスタンダードな経営手法になったいま、一度立ち止まって考える必要がありそうです。

ある株式会社はオーナーが資本金として１０００万円出資し、それを企業活動によって運営、さらに投資活動をおこないながら経営してきました。そんな会社が毎年決算で利益が出て納税しながら30年経営したところで、出資した１０００万円はどれだけの価値になっているだろうと考えてみる必要があります。

「企業の存在価値は会社の外にある」とお話ししましたが、お客さまは価値があると思うから買ってくれ、それが売上になり、利益へとつながっていきます。また中小企業は忘れがちな視点ですが、投資家はそのビジネスに魅力があるから投資をしてくれるわけですし、銀行は貸したお金には利息が付いて戻ってくるという確信のもとに企業に貸し付けを行います。このように常に「外部から見た価値」の積み上げで自分の会社は成り立っているのです。

では、この会社をいつか手放そうと思ったら。

この会社の社長の座を誰かに譲ろうと思ったら。

相手からみて本当に価値がある会社になっているだろうか。そう考えた時に社長自身は決算書でどのような数字に着目するでしょうか。売上だったり利益だったり、どうしてもP／Lに目が行きがちですが、**着目すべきは「B／S」です。**

仮に今月末で会社を閉めようとしたらどうなるか。まずは資産の部の一覧を見てみましょう。現金から始まって在庫や車両、ゴルフの会員権までいろいろな形に変わってしまっている資産を「すべて現金化」します。在庫だったら商品として売って現金化しますし、車両だったら中古車屋さんに査定してもらうかもしれません。ゴルフの会員権は逆に売却手数料がかかったりするケースもあるかもしれません。現金化することに逆に経費がかかることもありますが、すべて現金化します。すべて現金化して現金が10億円だったとします。ここを元手にして、今後は負債の部の支払いをおこなっていきます。未払費用になっている給与は従業員に支払いますし、リースも解約して未払金も精算します。もちろん、銀行の借入金も残額をここで一括支払いします。当たり前ですが負債を残して会社を閉めることはできません。10億円の現金から支払うべきものを一気に精算していきます。

支払ったあとに手元にはいくらの現金が残ったでしょうか。

手元に3億円残ったとしたら、それを株主で配分して会社は初めて清算結了登記をおこないます。

この話の大前提として現金＞負債で進めていますが、現金＜負債というケースもあります。逆に現金が足りないというケースです。これでは負債を残したままになりますので、綺麗に会社を閉めることはできません。一般的に破産手続きになりますので、弁護士さんの領域になります。このようなケースはますます増えてくると思います。いろいろな経緯で無料相談に来ていただきますが、3割程度は弁護士案件になります。非常に落胆されて帰られる方もいますし、このままの状態で経営をしても……と決断をされる場合には私から弁護士事務所をご紹介します。

初回の面談では、まず資産の細かい内容をヒアリングして現金化した際の金額と負債額のバランスを見てみます。あくまでもざっくりの見立てになりますが、大きく見立てが外れることはありません。中小企業が持っている資産は大抵パターン化していて、どの資産が現金化した際に価値を崩すのかは決まっているからです。

本章ではその具体的な項目について見ていきたいと思います。

4-3 事業譲渡と株式譲渡

実際に「M&Aって何をするの？」という質問を多くいただきます。専門書やWEBの記事などを調べてもこれが具体的に自分の会社にどのように当てはまるか、メリット、デメリットなどを考えると「よくわかんないから専門家に頼むしかないのかな」という結論に至ることも多いのですが、実際に着手金や手数料などの金額を聞いてしまうと「うまくいかなかったら」というできない理由が頭をよぎり、及び腰になり具体的な行動に出られない……というのが社長たちの本音です。

M&Aは「Mergers（合併）」&「Acquisitions（買収）」の略です。細かく経緯を見ていくとひとつとして、同じM&Aはありません。不動産において「同じ土地なんてない」というのと同じです。年商規模や業種で一括りにはできないことが実際には続出します。経営者は基本だけ押さえておけば専門家からのアドバイスもスムーズに頭に入ってくると思います。専門家になる必要はありません。基本だけ押さえましょう。

まず大きく2つ「事業譲渡」と「株式譲渡」で考えていきます。

株式譲渡は「株」を売却することによって株主を変更していく、オーナーチェンジする方法です。これは一般に譲渡するのは株式なので、株価をどのように評価していくかが問題になります。B／Sの時価評価をしっかりおこない、株価だけきちんと定めることができれば株式譲渡契約と譲渡承認請求、取締役会承認（株主総会等）で決済となります。手続きとしてはシンプルで手離れがよいと個人的には感じています。売り手の社長が引退を視野に入れている（会社ごと渡したい）ケースには最適です。対象法人をそのまま移行しますので、基本的には従業員の方々の雇用もそのまま継続していくこともでき、従業員の精神的な負担も少なくて済みます。また売り手の個人オーナーからすると譲渡益がそれまでもらっていた役員報酬などの一般所得と分けて税額を計算する分離課税にて譲渡額に対する税金を計算します。ここは所得税の視点からみても大きなメリットになると思います。

ただ、一方で法人所有であるが、実際には社長の個人資産というような「事業に不要な資産」が混ざっていたり、簿外債務のリスクも考慮しなければなりません。ここは双方しっかり専門家を入れながらＤＤ（デューデリジェンス）をする必要がありますが、いざＭ＆Ａが締結したあとに「話と違う」ということがないように双方の信頼関係を構築しながら進めることが必要です。買い手にとっては買収した株式は資産計上となり、税務上の償却ができません。ここは顧問税理士などのアドバイスを受けながら検討する必要があります。

２つ目は「事業譲渡」です。これは会社そのものではなく、「会社の事業のひとつ」を売却するというイメージです。経営者としては継続して会社経営をおこなっていくが、事業転換のきっかけとしてＡという事業だけ切り離して誰かに引き継いでほしいという思いがあれば、事業譲渡がおすすめです。会社そのものよりも一部事業の売却なので、交渉がスムーズにいけば短期的に契約まで進めることも可能ですし、先ほどの株式譲渡と違い簿外債務を分離して本当に「必要な事業のみ」を買い手側も引き継ぐことが可能です。また、事業譲渡は「のれん（営業権）」となりますので、税務上償却することが可能です。これは大きなメリットと言えます。「のれん」と「営業権」は正確に言えば別のものですが、スモールM＆Aでは同じ意味合いで使われることが多くあります。

中小企業の現場では「のれん」は、ある店舗や事業の商業的価値や営業権を指すともあり、具体的には、ある店舗が長い間地域で営業してきたことや、その店舗独自の商品やサービス、顧客層などが含まれる価値を表現するものです。

デメリットは事務が煩雑になる可能性があるということです。踏み切る前にシミュレーションをしてもよいでしょう。たとえば店舗でしたら、不動産の移管、設備の移管、従業員は一回退職して買い手側の企業への再入社。許認可については基本引き継ぎは難しいでしょう。要は事業といっても様々な要素が絡まりあっていくので、パズルのようにばらばらにしてひとつずつ検討していかなくてはなりません。

このようにそれぞれにメリットとデメリットがあります。まずは社長自身が基本知識だけ知っていれば「売る側」でも「買う側」でも相手によって、またその時の自社の状況に合わせて専門家とよく相談することが大事になってきます。計画的に検討をしてみてください。

4-4 資産項目の時価評価

前述した株式譲渡では実際の決算書の数字に実在性があるか、時価評価した時の価値と帳簿価格の差をしっかりと見ていき、実際の純資産額を確認することが大事になってきます。とくに資産の部については大きく総資産額に簿価と時価で差が出るケースが多いので専門家の力も借りながらヒアリングをしっかりおこなっていく必要があります。

まず第3章でも資産の部は「現金から始まる」とお話ししましたが、この「現金残」自体が現実とかけ離れているケースがあります。嘘のようですが、本当の話。とくに営業所や店舗と事務所など物理的に何箇所かで管理をしている場合には管理方法や残高の確認方法も含めヒアリングが必要です。税務署がおこなっている調査でもまず「現金の管理方法と残高」の調査からスタートするくらいです。数万円～数十万円くらいの誤差ならまだしも数百万円以上のズレが生じるケースもあります。

また売上に紐付いている「売掛金」は基本中の基本ですが、確認していきます。回収条件を確認したあとに年商とのバランスを見ていくと「あれ？　なんでこんなに売掛金が残っているんだろう」と思うことがあります。3年から5年くらいの決算書の「内訳書」で取引先ごとの金額明細を確認することができます。過去数年間にわたり金額がずっと同じ取引先がある……これは回収不能の債権の可能性が高いです。本来ならば落としたいところですが、実際に落とすためにはその取引先が法的手続きをとっているなど客観的なエビデンスが必要だったり、少しずつ払うといって実際に支払いを細々とおこなっていると、いつまでも帳簿に乗っているケースもあります。ここは取引先が多い会社はひとつずつヒアリングしていきます。

流動資産の項目では棚卸資産についても確認しましょう。不良在庫がないか、仕掛品の回転率はどうか？　こちらも1年の決算書ではなかなかわかりませんので、過去の3年から5年分の数字を見ていきます。

資産の中で最も時価評価をして金額が変動するのは「固定資産」です。中でも土地を持っている場合には専門家への依頼も必要になるケースがあります。土地は購入した時の価格のまま帳簿に金額が載っています。建物や設備は償却しますが、これも実際未償却部分があったりすることが稀にあります。減価償却も適正におこなわれているかどうか確認します。中には建物を建てたあとに違法建築で増築している、既存不適格建築物である（当時は合法だがいまは違法　※1981年で耐震基準が変わっている）こともあります。古くからの所有であれば境界の問題や借地権などの権利関係も確認しましょう。ボーリングをしたら埋蔵物が出てきたという土壌汚染も実際に問題になったことがあります。

ここまで説明すると損ばかりの話に聞こえますが、資産の中でも実際に1円で載っているものが売却するとプラスになったりすることもあります。リスクのほうが多い印象ですが、プラスの財産も確認しましょう。代表的なプラスの財産は保険積立金です。これは解約すると返戻金で実際の帳簿価格よりも多くなるケースがあります。中小零細企業では「倒産防止共済」という共済に加入していることが多いのですが、この処理は全額損金です。同じように民間の保険でも以前、節税対策で大流行した「全損なのに返戻金ありの保険（現在は販売されていません）」などがないかも確認します。

株式譲渡では「資産の時価評価」が一番の肝になります。売り手もあとからのトラブルを避けるため誠実にヒアリングに対応していくことが必要ですし買い手は専門家の力を借りてなるべくリスクを事前に確認する努力が必要です。

4-5 負債項目の時価評価

総資産が確定したら、次は負債の確認です。基本的に「負債」というものは「支払いが今後発生するもの」で相手がいるものですから、資産の部のように多く金額に差が出るイメージはないと思います。

負債の部で大きな問題になるのは退職金。「退職給与引当金」という科目を確認してみてください。これは簡単に言うと未来にわたって従業員の方たちに支払う約束をしている退職金を引当金として負債に計上する処理です。あくまでも今期払うものではなく「未来」の退職金。ということは買い手からしたら、「買ったあとに発生する退職金」なのです。このような表現をされると買い手企業も「それはしっかりチェックしなければ！」となると思います。

退職金は会社が必ず従業員の方々に支払うものではありません。

ただ、会社に「退職金規定」があり、届け出をおこなっていれば、これは従業員の権利になります。最近では中小企業でも退職金規定を作成しているケースがありますので、ここは規定を核にして退職金の計算方法も確認する必要があります。また規定がなくても過去に支払い実績等があれば、引当金を計上する必要もでてくる可能性があります。外部で確定拠出年金などの制度を採用しているケースであれば規定や積立設計をしっかりしているので、問題ないことがほとんどですが、退職金共済や民間の生命保険を使って社内で準備している場合は、古くから在籍している従業員の方の退職金の積立額が規定の基準額に足りていなかったり、退職金準備で生命保険を活用していても役員の分だけのケース、または経営状況が悪くなった時に解約して経営財源としてしまっているケースも多々あります。規定の確認は最低限必要ですが、過去の実績が積立金の準備方法など詳細をヒアリングしながら負債の部に引当不足がないかどうかを確認してください。

また以前から、特定の業界などで問題になっている**「前受金」**についても業種によっては確認が必要です。わかりやすく言うと「チケット販売」です。全15回でいくらというようにサービスの最初に一括購入をしてもらい、それを少しずつお客さまに使っていただく販売方法をしている場合の取り扱いには注意が必要です。こちらもある程度の規模であれば販売時にお客さまへの説明や期限に関する使用規約が明確になっていますが、不明確なままあとからトラブルになるリスクも確認しなければなりません。規約と管理方法も確認をして、不明確な部分については買い手側はきちんと説明を求める必要があるでしょう。

最後に、役員借入金についてです。これは社長本人が会社にお金を貸している状態ですが、多くの場合塩漬けになっているケースがあります。数百万円程度でしたら清算も可能ですが、何年もの間で積もり積もって数千万円になっている会社もあります。あってはならないことですが、現金残が合わない時などの調整勘定で使っている零細企業もあるくらいで、金額そのものよりもその経緯も含めて確認しておく必要があります。

最初にお話ししたように負債はあまり大きく帳簿価格とずれるリスクはないと思います。しかし、実は過去からの実績や経緯のヒアリングは十分におこなう必要がありますし、退職金についての取り扱いは、自社の常識は他社の非常識というケースも多々あります。社長の鶴の一声で退職金が決まってきた……そんな会社も多々あります。「退職金共済を使っていると言っているから」では済まされない落とし穴がありますので、しっかり確認してみてください。

4-6 純資産項目の時価評価

最後に純資産（自己資本）項目の評価ですが、ここを確認するにあたり、同時に損益計算書（P／L）についても確認していきます。

これは自己資本は「資本金＋過去の利益と損失」で構成されていますので、P／Lで出ている利益が本当に適正なのかという視点です。「実質当期純利益」を修正していきます。

まずは、「役員報酬の適正金額」です。株主＝代表取締役という中小企業は非常に多く、役員報酬を一般従業員やその他役員に比べて非常に多額にとっているケースは想像できると思います。また、勤務実績のない社長の妻や親族を役員にして支払いをしているケースも多いので、ここは修正項目として勤務実績も含めて確認する必要があります。

一見、Ｐ／Ｌで数字を見てみるとほとんど利益が出ていないような会社の決算書でもここを確認して修正をかけたら、立派に利益が出る会社であることがわかったこともあります。また逆のケースもあります。役員報酬を下げることによって「利益が出ているように見せている」損益計算書です。わざわざ、役員報酬を無理に下げてまで利益を出すのかと不思議に思うかもしれませんが、これは「銀行対策」として行われます。銀行からの融資が難航しないように決算書上「利益が出ているように見せる」ことを目的としておこなっているケースが多いです。

また個人的な支出が紛れ込んでいる項目として「交際費」についても中身をよく見ていく必要があります。休日の個人的なものまで精算している経営者の領収書は判別も難しいですが、ここはヒアリングをしながら確認する必要もあります。実際にヒアリングしたら、交際費が半分以下になった！ というケースもあるので驚きです。

その他一般的に確認する項目は「保険料」と「減価償却費」です。保険料の大部分が社長の退職金の積み立てによるものというケースもあるので、M＆Aを契機に退任するのであれば、この保険料は今後発生しないということになります。減価償却費についてはは資産の部と関連しますが、それぞれの資産についての減価償却費が適正に計上されているか、社長ひとりで高級外車を会社名義で何台も所有していたり、趣味の船舶が会社所有になっていることで多額の減価償却費を計上していないかなどを確認します。これは固定資産の明細と照らし合わせて確認していく必要があります。

このように経費項目を確認していくと実質当期純利益が修正されますし、それによってB／Sの「純資産」額も修正されます。また損益計算書を適正に修正したあとに黒字であればプラスの営業権として直近の営業利益の数年分を加算しますし、赤字であれば控除していきます。

営業権についてはそれぞれ専門家によっても、その時の状況によっても見解は異なりますが、昔は「営業利益×3年」をベースに考えられていました。5年で算出するケースもあったくらいです。これは現状の利益が今後も続くだろうという意味合いがありますが、**近年では3年を見かけるケースも少なくなり、1~2倍するケースが多いです。**コロナ禍を経て人々の価値観が変化していく中で、現状のビジネスモデルが今後も継続するという期待感は薄まっていることの表れでしょう。このように損益計算書から実質の当期純利益を考慮して純資産の時価評価をおこなっていくのが簡単な流れです。

最後に、買い手側は「今後の成長性」というところに着目します。業種によってはマーケット的な価値や成長性が大きく取引価格に影響を与えていくので、売り手側と買い手側の評価のズレが出るのは当然のことだと思います。しっかりと専門家を入れて、客観的な視点で価格や条件について交渉に時間をかけることをお勧めします。

4-7 中小企業の決算書は嘘ばかり

ここまで各項目を見ていくと「帳簿額」による自社の決算書評価には落とし穴が多くあると感じていただけるはずです。帳簿額と時価評価額の差はもちろんのことB／Sの中には経営者の私的な資産も多く含まれていますし、積立不足の項目や償却不足の項目も多々あります。実際に評価していくとプラス評価になるものよりもマイナス評価になるもののほうがずっと多いことがわかってもらえると思います。

「決算書はよければよいほど損することはない」

社長自身が意図していなくてもマイナス評価が多く、中小企業の決算書は嘘ばかりが積み上がっています。自分の会社の決算書を社外の人に見せる機会はその他株主か金融機関くらいしかないかもしれません。中小企業でまったくの他人を株主にして決算書を公開しているケースは非常に少ないので、外部評価として最も多いのは金融機関です。しかし、残念ながら金融機関も取引企業の決算書をどれくらい見ているかというと、ほとんど見ていません。

「売上が上がりましたね」
「利益が出ましたね」
「今後も資金等ご要望があればお手伝いさせてください」

御社に融資してくれる銀行の担当者が言うセリフはこれくらいのものです。これを真に受けて「ああ、うちはまだまだ銀行にも評価されているぞ」なんて自信を持ってしまったり、「利益が出て褒められたから、もう少し節税しよう」なんて社長が思ってしまうのはもってのほかです。

自社の決算書の嘘を気づかせてくれる人がほとんどいない中小企業経営者。残念ですが、ご自身で数字を正確に修正しながら見極める力を身につけていくしかないのです。だからこそ、出せるだけの利益をしっかり出して節税なんてことを考える暇なく、

「よければよいほど良い決算書」を目指して経営をしてほしいと思います。

事実、M&Aに興味があるとご相談にいらした会社のほとんどは「売り物にならない」会社ばかりです。残酷ですが、毎年黒字で、銀行にさんざん褒められてきたはずの決算書は長い年月の間に小さな嘘が積み上がり、時価評価をすることで化けの皮が剥がれ落ちていくことが多いのです。自分自身の経営者としての引退を考えた時にこれを目の当たりにしたらどうでしょうか。ここからまた10年B/Sを立て直していく時間は残されているでしょうか。いざという時に相談に来られてももう手遅れというか時間切れ。そんな会社を見ると経営者としての責任である「会社を半永久的に継続させる」というミッションは難しくなってしまうのです。言い方は厳しいですが、会社の数字は社長の責任です。社長が自社の決算書、B/Sをしっかり見ることができていればもっと違ういまがあったはずです。よく「数字は苦手だから経理に任せているる」という経営者の方がいます。毎月いくら銀行の借入を返済しているのか質問するとパッと答えられない人もいます。

これは社長という仕事の責任を放棄していると言っても過言ではありません。若い人材をもっと採用して育成したいと言いながら、その若い人材が10年後、20年後に活躍できる「会社」というステージをつくる努力を怠っていては意味がありません。

若い社員にとっての「嘘つき」にならないように経営者の方はもっとB／Sに強くならなければならないのです。

4-8 中小企業のM&Aが失敗する理由

M&Aという言葉が中小企業にまで浸透してきて、実際に取引事例も増えてきました。しかし実際にはすべての案件が成約して譲渡が完結するわけではありません。なぜ、中小企業のM&Aがうまく進まない理由はいくつかに集約されます。

①スピード感とタイミング
②社長の想いと社員の想いのズレ
③あとから出てくる労務リスク

まずはM&Aは「スピード感とタイミング」が非常に重要です。よくお見合いと一緒だと言われますが、私はお見合いよりも「マイホーム探し」に似ていると思っています。

お見合いでしたら同時並行で何人もの方たちと進めていくことが可能ですし、ひとりの方とじっくり時間をかけて……ということも可能です。しかし、M&Aの情報は日々めまぐるしく更新されています。ちょうどマイホーム探しの「内見して1カ月悩んで不動産屋さんに電話したら、もう申し込みが入っていた」という状態と一緒です。人気物件はより早く、誰かが手を挙げていきます。M&Aは会社同士の結婚に似ているとも思いますが、このスピード感とタイミング感はちょっと違うのかな？と個人的には思っています。お客さまでも社内で検討しているうちに、もう案件が交渉終了となっていたということは何度もあります。不動産と一緒で人気物件は一瞬で、不人気であればあるほどずっと情報が出ているというイメージなので、決断力がM&Aには大事になってくるのです。

2つ目の「社長の想いと社員の想いのズレ」ですが、ここが前述した「スピード感とタイミング」を遅らせてしまう主な原因です。実際に社長自身は「M&Aでよいご縁があれば……」と半年以上前から相談に来ていたのに、いざベストマッチング！

な情報が来た時に「社員たちの反発にあった」といって検討期間が長引き後手に回る原因をつくっています。「相手もいないのにM&Aなんて言って社員たちを不安にしたくない」というお話もよく聞きますが、M&Aの際には既存の社員さんたちの雇用も守られることがほとんどです。事前に幹部社員の方々にだけでも、ちょっと先の未来の会社の話を日頃から共有しておくことが非常に大切です。社員視点で考えてもM&Aは非常にリスクを感じることは理解できます。M&Aを正しく理解してもらうためにも事前に足並みをそろえて条件設定しておくことが大切です。

最後に「あとから出てくる労務リスク」についてです。

これはあまりクローズアップされませんが、実際にM&Aが成立したあとに発覚することもあります。とくに専門家を入れずに知り合いの会社を……というパターンであると「実際に働いてみたら残業代の計算方法が違う」「有給休暇の取り扱いがおかしい」――細かく言えば社会保険の標準報酬月額の算定方法をごまかしていたなんてことも。まだまだ中小零細企業ではある話です。買う側も売る側もどちらもこのような労務リスクをよく確認する必要があります。売る側のトラブルも嫌ですが、買い手側の労務体制がいい加減だとせっかく雇用を引き継いでもらっても「こんなはずじゃなかった」と社員のみなさんに迷惑をかけることになります。業種によっても労務に対する認識や法令順守のレベルはまちまちです。

ここは具体的な面談の際に真っ先に確認しておきたいところですが、実は決算書の数字や営業権的なものの評価を優先してしまうことがM＆Aの現場ではよく見られます。財務ＤＤはもちろんのこと、労務ＤＤについても十分な注意が必要です。

このように小さな問題や後回しにしていたことが予想外に中小企業のM＆Aがうまくいかない理由となっています。ではこれらのことは半年や1年で改善されるのかというとNOです。計画性や十分な時間が必要だということがわかると思います。

スピードは大事ですが、会社の未来を大きく左右するM＆A。十分な情報と知識をもって臨みたいものです。

4-9 事例① 親族に株が分散した中小企業の末路

事業承継、M&Aが失敗する理由についてお話ししましたが、いつか必ず来るこのタイミングで実際にあった事例を紹介したいと思います。ここでのポイントは「株の分散」です。

創業60年ちょっとの年商80億円程度の会社でした。

もともとは運送業からスタートし、倉庫管理業、最近ではDXのサポート業務などのコンサルティング業務もおこなっている会社です。業績も非常に好調で、地元の経営者では知る人ぞ知る優良企業です。社員も若手の採用を積極的におこない組織としてもさらに成長できる可能性を秘めています。

現在の3代目の社長は50代で非常に勉強熱心で、自社の決算書をぜひ一度評価してほしいということでご訪問させていただきました。先ほど80億円と言いましたが、これはグループ数社の合計で実際にはメイン会社のほかに倉庫、サービスその他2社あります。計3社の決算書を拝見しました。

別表で目についたのは株主明細です。株主明細に記載されている株主名は同じ苗字の人もいれば、違う方もいます。ちょっと同規模の会社に比べると人数が多いなという印象です。深く考えず聞いてみると「いつか何とかしなければと思っているんです」と社長は答えました。

よくよく聞いてみると創業した初代は現社長の祖父にあたる方で、6人兄弟の次男。現社長も当時のことを正確にわかっているわけではないのですが、創業時は他の兄弟2人も事業を一緒におこなっており、ご自身の兄弟に株を渡していたのだそうです。一緒に事業をしていた当時はよかったのですが、それが60年の年月を経て、もうほとんど会う機会のない祖父の弟、この方も亡くなってさらに子どもへ……その子どもは女性でご結婚されて苗字も変わっているなどという、複数名の親族の方にまで株が分散されていました。

どこかでまとめようと思わなかったのでしょうか？　と実際に聞いてみると、実は2代目の現社長の父にあたる方が随分昔に親族にお願いして回ったことがあったそうです。配当も出してないし、問題ないだろうと思っていたそうですが、実際に話をしてみると予想以上の反発にあい、株をいくらで買い取ってくれるのか？　という金銭的な部分も含めて大変なことになったということです。

2代目の社長が現役の当時はまだ初代社長から見たら甥っ子にあたる方も一緒に仕事をしていたこともあり、とにかくあまり冷静な話し合いにはならなかったとのこと。「最後は俺が整理してお前に引き継ぐからな」と言っていた先代も急に体調を崩してお亡くなりになり、すでに10年余り。顧問税理士の先生に相談しても具体的なアドバイスもなく、「少数株主だから心配いらない」と言われて、そのままになっていました。ただ少数でも何かもやもやしていて、いつか整理したいと思いながら手をつけていないんですと社長は話してくれました。

昔は幹部社員に株式を分配したりするケースも多々あり、親族で事業をしていれば株を持ち合っているケースは普通のことでした。しかし、代が替わることで縁も薄くなり、それぞれの状況も様々な場合は、株を集約することが非常に困難なことも少なくありません。税理士の先生がおっしゃることもその通りですが、現社長の気持ちもよくわかる事例です。とくにこの会社は業績好調、今後もますます成長していく勢いのある会社です。株価や企業評価も今後高まる中で「いつかは」と思いながらも日々の忙しさの中で後回しになっているのです。

自社の今後を考えてみると、事業承継や、今後M&Aなども検討するタイミングはきっと出てくるでしょう。そんな中で、「親族に分散した株」がよい材料になることはなさそうです。

4-10 事例② 実質債務超過で閉められない創業社長

B／S基本編でもお話しした「実質債務超過」。これは意外と該当する会社が多く、何度もこのような事例は見てきました。

73歳の創業社長は、奥様と二人三脚で事業を始められ40年以上になります。現在は2人の従業員の方を雇用していて、彼らも60代目前となってきました。

業種は製造業で自宅の横にかなり年季の入った工場を所有しています。社長が今回ご相談に来たきっかけは奥様の体調不良でした。社長よりは少し年下だったと思いますが、1年前に大病し入院。長期のリハビリを現在もおこなっている最中。いままで資金繰りのやりくりや事務的な仕事はすべて奥様がやっていたので、急遽入院になった時は「通帳がどこにあるか、何の支払いがいつなのかまったくわからなかった」とのことです。すでに退院し、経過も順調とのことですが、奥様のことや自分の年齢も考えて、会社を清算したいというご相談でした。お子さんも2人いますが、事業には一切かかわっていないので、社長自身が元気なうちにというお考えもあったようです。

一見、決算書を見れば問題ないように思いました。多少の銀行借入はあるものの、工場の土地を売却して返済できるのでは？　と数字を見た時点で私は思いました。あとは会社をたたんで、ある程度2人の従業員の方にも退職金を支払って、創業社長ご夫妻の手元にどれくらい現金を残してあげられるだろうか……ということも考えました。清算してもご夫妻がその後安心して生活できないと意味がないからです。無料相談の時点ではそんな話を一時間半くらいして終わりました。

しかし、実際に調査を始めた時に大きな問題が早々に発生しました。無料相談はご来社にておこないますから、実際の工場の土地を見ていなかったのがいま思えば私の見当が外れた原因です。実はこの工場はメイン道路からずっと奥、車がすれ違うことがやっとなくらいの細い道の奥に位置していました。実際に不動産業者に査定を依頼した際に言われたのは「あの細い道の奥にあり、かつ違法建築にあたる可能性があるので購入する人は現金で購入することになる。あとは資材置き場として使ってもらう人がいるかどうか」とのことでした。私は不動産の専門家ではないのですが、このような話は初めてではありません。

その後査定額を出してもらいましたが、これだとご夫妻の手元にはお金が残らないどころか、銀行からの借入を全額返しきれるかも微妙なラインでした。もちろん不動産業者の購入も難しい状況。購入相手を探すのにはある程度の時間がかかるということでした。

40年間決算書に「土地」として載っていた会社の資産は、創業社長夫婦の引退を考えた時に大きく足を引っ張る結果となりました。

会社が締められずに経営を続けている例は意外と多いものです。昔のようにお子さんたちが承継してくれるケースであれば、次の代で整理していく時間を確保できますが、それが叶わなければ時間的にも厳しい状況です。結局この会社は1年くらいかかりましたが、土地の購入先が決まりました。これは稀な例です。工場と隣のご自宅を売却して、残った銀行借入の返済をおこない清算結了となりました。ただ、ほとんどご夫妻に現金は残りませんでした。従業員2人の方にも退職金を支払えませんでしたが、知り合いの同業種の会社を就職先として紹介できたのが、社長ご自身としてはよかったとお話ししてくれました。最後にお話しした時にはご夫妻の貯蓄もあるので、息子家族の住まいの近くに中古マンションを買うとのことでしたが、当初のご相談からすでに1年以上かかり、またご自宅まで売却する形に着地しました。

ただ、繰り返しになりますが、稀なケースです。

そして、表現はよくないですが、ラッキーなケースです。

もし、急遽入院したのが社長のほうだったら？

工場や自宅が売れなかったら？

ご夫妻に次の住まいを購入する資金がなかったら？

4-11 社長が選べる財務体質に「55歳から始める社長の終活」

決算のたびに社長自身は決算書を見ています。決算は1年に1回ですが、毎月月次の試算表も見ているでしょう。20年以上、経営者をやってわかっている、理解しているように思っている決算書は、もしかしたら「つもりになっている」だけかもしれません。

社長が社長を辞める時と会社の寿命は別物です。できれば会社は社長が老いようと、法人として半永久的に継続していくことが理想です。

「よい会社とは」と聞かれたら、私の答えは「継続すること」。いまの時代、継続の方法は昔に比べて多様化しました。選択肢は増えているのです。

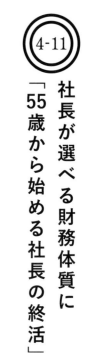

社長が社長を辞める時は**「売るか」「継がせるか」「閉めるか」**です。

本章の内容を読んでもらえれば、この3つのうちどれを選ぶのも簡単ではないことがわかってもらえるでしょう。実際にはどれも選ぶことができないまま、社長の老いと共に衰退していく会社が非常に多いのです。経営者としてそれでよいのでしょうか。これを自分自身に問うのは55歳だと思っています。

55歳というのは人生の大きなターニングポイントだと思っています。プライベートにおいても子どもたちは高校生〜大学生くらいで、子育ても一段落した50〜55歳頃は先の教育資金もある程度見通しがつきます。社長の就任の時期にもよりますし、起業したタイミングにもよりますが、経験も実績もちょうどよく積み上がっている経営者として「脂の乗った最高の年齢」になります。

厳しく言えばここをピークに経営者人生は設計すべきだと思っています。休みもなく、必死で50〜55歳まで駆け上がってきました。さて、55歳になった時に積み上がった実績と次は「ここから10年でどのようなゴールを描くか」を考えます。経営者としての65歳をイメージするのです。もちろん65歳はまだまだ若いですし、中小企業の社長に定年はありません。そこで引退しろと言っているわけでもありません。もし後継者がいれば、60歳から65歳で次の後継者とダブル代表で伴走してもよいと思います。もちろん、最終的にはM&Aができるような状態になっているというのも最高です。

大事なのは「**65歳で選べる状態になっている**」ことです。実際に50歳がピークとしても50歳～55歳のタイムラグがあり、実際に60歳と設定していたイメージは65歳までずれ込みます。現実はそんなもんです。これくらいの期間をかけて取り組まないと会社の数字、とくにB／Sは変わらないということはよくわかっていただいたと思います。

10年という期間はあっという間です。

10年前何をしていたか？　少し過去10年を振り返るだけでもあっという間だったと

いうことは実感できるはずです。これから10年はさらにあっという間です。

私は今年41歳です。順調にいけば50歳で次男が大学卒業です。自分自身が40歳になった時「この10年は死ぬ気で働こう」と心に決めました。いや、いままでもそのくらいの意気込みで仕事には向き合ってきたつもりですが、さらにこの10年は大事です。50歳をピークに体力も思考能力も衰えてくるかもしれないという恐れもあります。

だからこそ、50歳にピークを設定して会社の過去最高、自分自身の人生でも40歳〜50歳が一番働いたという10年にしたい。

そのピークからいかに60歳の経営者としての自分自身を描けるか。

ピークは当たり前ですが、高ければ、高いほうがよい。

誰に対しても時間だけが平等です。
経営者人生をどう描くか、そのキャリアデザインはすでに始まっているのです。

第5章

未来を選べる強い会社をつくるために社員と共有すべきこと

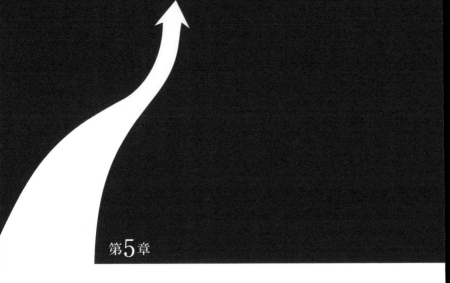

5-1

強い会社は会議で決まる「よい会議」と「悪い会議」

本章で最後になりますが、ここでは未来を選べる強い会社を創るためにぜひ社員と共有していただきたいことをテーマにしていきたいと思います。成長していく会社は社長ひとりでは絶対に創ることができません。

「会議を見ればその会社がわかる」

これは誇張でもなんでもなく真実です。会議とはその会社の社長と社員、上司と部下の関係性が如実にわかるものです。組織としてのスピード感も行動力も会議に表れます。会社という組織にとって大事な要素の大部分は会議にぎっしり詰まっています。

私の仕事のひとつに会議の進行をするというものがあります。役員会議、管理職者会議、営業会議、集める人はそれぞれですが、このように多くの会社が私に会議の進行を依頼して報酬を払うのには理由があります。進行役が会議の質の8割を決めているからです。自社の会議を振り返ってみてください。

①そもそも会議が多過ぎる、同じようなメンバーで同じような議題を繰り返し議論する
②社長や役員など上席の人の発言率が高い
③議事録のフィードバックが遅い、もしくは議事録のない会議をやっている
④1回の会議が2時間を超える
⑤会議の参加者が10人を超える

この5つのどれかに当てはまる場合は「悪い会議」です。まず毎月定例でおこなわれている会議が多い会社は組織の規模によりますが非効率です。とくに報告がメインの会議はすぐにメールやグループチャットに切り替えましょう。会議とは報告の場ではなく、「決定の場」であるという認識が大事です。同じような議題を繰り返している会議の特徴は前月の会議と今月の会議、また来月の会議でぶつ切りになっていることが多いです。先月決まったことが実行されていない、また同じような議題が出てくる。これは本書の第2章で話したPDCAが上手に回っていない特徴なのです。

また中小企業あるあるですが、「偉い人が話してばかり」の会議があります。これはもう会議ではなく独演会です。営業会議で営業部長がひたすらお説教。そんな会議は少なくはなりましたが、まだまだ見かけることがあります。基本的に上席の人は議論の方向性が、決定する過程で会社の経営方針から逸れてしまった時だけ発言するものです。組織的には役職が下の人の発言率が高くなるような会議が理想です。

3つ目の議事録についてですが、これも会社によって議事録の質はさまざまです。他社の議事録を見たことがないというのも原因ですが、発言者の言葉一つひとつを忠実に再現する必要はありません。事情聴取ではないのですから、議題に対しての意見（メリット・デメリット）と決定事項、それに対するアクションプラン（いつまでに・誰が・何を）が簡潔にまとまっていればよいのです。ホワイトボードを使っていればそれをスマホで撮って議事録としてもいいくらいで、ＰＣを持ち込み詳細に記録、録音データとの突合をして……と時間がかかっているのなら、その場で写真に撮ってグループチャットにアップするというフィードバックの早さを優先すべきなのです。

４つ目の会議の時間についても日常業務の合間に会議室に集まるわけですから、だらだらやるのは論外です。どんなに長くても2時間、できれば1時間以内に終わるようにします。ポイントを絞ってテンポよく進めることで参加者に飽きさせないことも重要です。

最後に参加人数ですが、みんなが発言して必要なポイントに絞って効率よく議論するためにはあまり多くの人数が参加することは推奨しません。10人以内の身軽な会議体にするべきで、参加者はその部署の代表ですから部署としての意見はあらかじめまとめてくるのがよいでしょう。決定をしていきたいので「部に持ち帰って……」とならないように、事前にアジェンダをよく読んで、必要なヒアリングは済ませておきましょう。ただ、会議のための会議にならないようにというのも大切です。

このようにシンプルかつＰＤＣＡを高速で回せる会議が「よい会議」の条件です。

また第2章でも書きましたが会議とは究極の社員教育の場です。役員会は役員教育の場です。論点をブラさずにいかにスピーディに行動に移していけるか、これは会議のスキルにとどまらず、日常業務をおこなうためにも大切ですし、会議での意見交換は究極のコミュニケーションです。相手を否定するのではなく、論点に対して建設的な意見を言うスキルも部下指導に役立つでしょう。

ここまでで、会議の進行役に「よい会議」の責任がかかっていることがわかると思います。私もお手伝いしますが、何年かしたら社内の人にバトンタッチして軌道修正役に徹します。

とくに「相関関係」と「因果関係」がごちゃ混ぜになっている議論には注意をする必要があります。白熱し過ぎて個人的な思い込みが意見に入り過ぎていないかも進行役の腕の見せどころです。社内の会議の進行役は何人かで担当制にしてもよいですし、全員で順番におこなってもよいと思います。参加するよりも進行役を引き受けるほうがよっぽど勉強になるのです。

強い会社を創るためにぜひ、会議そのものから変革してみてはいかがでしょうか。

5-2 全社員で外を見よう「会社の価値は社外が決める」

「自社の課題で忙し過ぎる会社」があります。会社の中ですから当然じゃないかと思いますが、他の部署へ要望や、総務的なテーマでは残業や有休の問題だったり、5Sのことだったり。どれも重要であることは間違いないのですが、あまりにも小さな問題を大事《おおごと》にして役職者の会議で一生懸命議論しているのをみると「もっと大切なことはないのだろうか」と思ってしまいます。そういう会社はアルコールの場でもさらにそのような話になります。会社全体が内向き内向きに進んでいきます。

私は、社内の話ばかりする会社は成長しない、成長スピードが遅くなる、迷走すると思っています。もちろん大事ですし、社内の改革に着手するタイミングも会社によってはあると思います。しかし考えてみてください。いくら5Sをやっても極端に言えばお客さまがいなければ誰も自社の商品を買ってくれません。

会社というのは自分たちがどんなによい商品だ、サービスだと思っても買ってくれる人は会社の外にしかいません。お客さまです。たとえばある商品の一部分の性能強化に社内一丸となって開発に取り組み、新商品として販売を開始したとします。

しかし、お客さまがその性能に対して価値を感じてくれなければ買ってくれませんし、いくら自分たちで「新商品だ！」と盛り上がっても価格転嫁できないかもしれません。どんなに5Sがしっかりできる社員がそろっても、それが「社外への価値」に転嫁されていなければ意味がありません。

社内をないがしろにしろという意味ではなく、社内でやっていることは社外、お客さまから見た価値につながっているか。5Sは何のためにやるのか？　ただ整理整頓をすればいいのか？　それがどのように社外のお客さまへの価値につながるのか？　すべては「社外」にゴールを持っていかないと意味がないのです。

ここで「全社員、営業パーソンになろう！」というビジョンを掲げたいと思います。社内のルール、もっと言えば組織は何のためにあるのか？　私たちの価値を誰に伝えたいのか？　さらに言えば、私たちはお客さまに生かされています。

このようなマインドで営業だけでなく、総務も製造も開発もすべてのチームが「価値はお客さまからもらうもの」というマインドで常に自分たちの仕事を精査していくのです。内向きの会社は部署間の争いが絶えません。「あの部署が〇〇だから」「営業が無理に仕事をとってくる」「そっちの部署がミスばかりするから」と、部署一つひとつが内向き、要は自分たちのことばかりを優先していることが多いのです。これでは部署ごとのベクトルの方向はばらばらになり、一番大切なお客さまを見失ってしまいます。

会社の価値は社外にあるという意識で仕事をすれば「ちょっとここまで段取りしたら次の部署がもっと効率よく仕事ができるかもしれない」「ここのひと手間はこちらでやっておこう」「この書類は早く回したほうがいいな」など社内でも「次」を考え

た動きができ、すべての仕事は効率よく、最高の形で大事なお客さまのもとに届きます。会社の外をみることで社内も必然的にさらに強い組織になっていくのです。

全社員に営業マインドを。常にお客さまを意識する風土づくりを。

5-3 退職理由No.1は社内の人間関係

最近とくにリクエストの多い研修テーマは「コミュニケーション」です。新入社員から幹部社員までコミュニケーション研修を依頼されることが、非常に増えたように思います。また採用についても「どのような人材を求めますか?」と担当者に聞くと、大抵「コミュニケーション能力の高い人」という答えが返ってきます。

この10年を振り返り、転職サイトなどの「会社を辞めようと思った理由ランキング」を見てみると常にトップに「社内の人間関係」という理由がランクインしています。労働基準監督署の相談窓口での相談内容も「社内のいじめ、嫌がらせ」という内容がトップです。

企業は「コミュニケーション能力」を人材に求め、研修も実施している。しかし働くことでの課題は常に「人間関係」がトップになっています。ここまで来てふと「社会人になった途端に人間関係に悩む人多過ぎない？」と思ってしまいます。学生時代を振り返ってみると、もちろん友人関係のトラブルやいじめがないとは言いませんが、ここまで大きく課題としてクローズアップされることはなかったと思います。

ここには「コミュニケーションの勘違い」という壁があります。ここを取っ払らわないと、社内の人間関係で悩むことになりますし、転職を繰り返します。

自分自身の学生時代を思い出してください。もちろん同じ年齢と同じ性別、高校や大学であれば同じ学力水準、同じ趣味を持つ友達、部活が一緒の仲間……。要は「何かしらの共通項がある人たち」とつるんでいれば1日が平和に終わる、それが学生生活でした。毎日クラス全員と会話をする必要もありません。クラスの中のわずか4、5人の仲よしグループの中でコミュニケーションが完結します。朝、顔を見れば「今日はなんか元気がないな」と察してくれる友達がいます。私自身も学生時代の仲のよい友人は顔と名前が一致しますが、「その他のクラスメイト」については顔も名前もあいまいです。それくらいクローズな世界だったのだなといまになって思います。

しかし、会社はどうでしょうか？　親くらいの年齢の上司もいる、性別はもちろん、育った環境も、価値観も、もしかしたら「学生時代だったら絶対に友達になっていないだろうな」という人たちであふれています。それが会社の同僚、上司や部下にいるのです。会社というのは「まったく違う価値観の人たちが集まる場所」という大前提に立つ必要があるのです。

誰も察してくれたりしません。わからないことは聞かないと教えてくれません。友達じゃありません。必要以上に仲よくする必要もないし（仲よくしようとして悩む人は意外に多いものです）なれ合いではなくお互いを尊重していく姿勢が大事です。とくに新入社員研修ではこのことを必ず伝えるようにしています。新入社員は一番学生に感覚が近い状態です。せっかくご縁あって入社した会社なのに「人間関係」で躓いてほしくないという思いです。

入社時とその後のフォローアップ研修でも繰り返します。実際にこの半年間、会社でどのような会話があったか、どんな上司の言葉に傷ついたか発表しあうこともあります。そうすると「ああ、みんなもそういう気持ちなんだ」「モヤモヤしていたけどすっきりした」という感想を聞くことができます。すでに入社半年で「社内の人間関係」に躓きはじめていることが多いのです。

新入社員だけでなく、管理職者が部下への接し方で悩んでいるケースも同じようにあります。社内のあらゆるところで起こっている課題です。

「会社における人間関係とコミュニケーション」をしっかり根づかせることで、離職率の問題が組織力の改善に大きく貢献することもあります。このような風土は1、2年でつくれるものではありません。しかし、意識して繰り返し伝え続けることで確実に強い組織へとつながっていきます。社員がお互いにリスペクトできる生産性の高い組織をつくっていくためには、中長期的に取り組むテーマだと思います。

5-4 稼ぐ社員の仕事術

「仕事ができる人」という言葉から連想されることは「スピード感」や「正確性」、「経験値」など人それぞれですが、ここではスピード感についてお話ししていきたいと思います。

稼ぐ社員＝仕事ができる人とは、社内に対しても社外（お客さまや取引先について）に対しても「え？　もう終わったの？」という相手の期待を常に超えるスピード感を持っています。正確性や知識、経験などは、ある程度「仕事に携わってきた年数」が必要になってきます。だから新入社員より社歴の長い先輩社員のほうが長けているのは仕方ないとも言えるでしょう。

逆にスピード感は新入社員でも、意識次第ですぐに習得できますし、スピードは相手の印象の残りやすい、最も簡単に「仕事ができるな」と相手に思ってもらえるポイントなのです。新入社員、若手社員の方こそ意識していただきたいポイントです。

スピードアップに欠かせないのがタイムマネジメント、要は「時間管理」です。最近はスマホで仕事の予定を管理していて、手帳を使う人は少なくなりました。スマホが便利であることはたしかですが、時間管理としては欠点もあります。なぜなら、スマホのカレンダーで管理しているのは「アポイント」であって仕事（業務）の時間管理ではないからです。スピードアップを狙うのであれば手帳をおすすめしています。

手帳についても様々なフォーマットがありますが、見開きが1週間分で1日について8時～22時くらいまで30分刻みくらいでメモリがついている「週間バーチカル」がおすすめです。ここに9時～17時までという就業時間だったらアポイントは青ペンで移動時間も含めて書き込みをします。それ以外の空いている時間は業務内容によりますが、1時間から1時間半くらいのブロックにあらかじめ分けておきます。ここにタスク（業務）を入れていくのですが、ポイントはできるだけタスクは細かく刻むということです。

会議資料づくりひとつとっても①データ集め、資料整理、②フォーマットひな形作成、③入力、④確認、⑤印刷製本というように簡単に考えても5つの工程に分けることができます。このように大きく見ればひとつの仕事である「会議資料づくり」を細かく工程に分けて、それぞれのブロックに当て込んでいくのです。

時間もタスクも細かく刻むというのは重要なポイントです。これをおこなうことで漠然と「この仕事は週末までにやろう」と思っていたものが「いつまでに」「どこまで進めるか」という途中の進捗を自分自身で意識することができるようになります。ＴｏＤｏと時間をリンクしているところもポイントです。

よくノートにＴｏＤｏリストをメモしたり付箋にＴｏＤｏを書いてデスクやＰＣに張っている人がいます。これは、「仕事を忘れない、漏らさない」という効果はあっても決して仕事が早くなるわけではありません。

仕事も忘れない、そしてスピードアップする。
そのためには「時間管理×タスク管理」を意識する仕組みが大事です。

私は週末になると翌週のタスクを黒いボールペンで手帳に書き込みます。そして毎日実際におこなった業務を赤ペンで書いていきます。予定と実績です。そして飛び込みの仕事もこなせるように、できれば週の真ん中に余白で2時間くらいは空けておくようにします。飛び込みの仕事が来た時に、もともとやろうとしていた仕事を逃がすスペースです。

基本的には就業時間内でしか予定は組みませんが、もしあふれてしまったら19時までは残業します。そして土曜日も基本的にはあふれてしまった仕事を片づける日にして、なるべくアポイントを入れないようにします（最近は、入ってきてしまっていますが）。このように自分の1週間の使い方を予定と実績を書き込みながら検証していくと、意外と無駄な時間があったり、お客さまとのアポイントの取り方にもまだまだ工夫ができることがわかります。

とくに大きな仕事（今月中にというような期限の長いもの）の進捗が悪い、日々の業務や飛び込みの仕事に振り回されて、結局期限ぎりぎりになってしまうという人にもタスクを細かく刻んで時間の隙間に入れていくことで大きな改善が見られます。

私は29歳から34歳くらいまでの約5年間は毎週これをやっていました。始めて半年くらい経つと自分自身でも自覚できるくらいに仕事の段取りが改善されスピードアップしていきます。いまでは弊社の社員のスキルも高くなり、私自身が社内で書類作成などの業務をすることが少なくなってきたのでやっていません。ただ、「今週、今月は忙しくなりそう！」という時にはスポット的にこの手法をいまでも取り入れます。

稼ぐ社員は時間の使い方と仕事の段取りがとても上手です。

この2つを両立させる方法をぜひ試してみてください。

5-5

成長に直結するキャリア思考とは?

仕事に対して意欲的な若手社員。私も多くの会社にお伺いしたり、研修をさせていただく中で日々パワーをいただいています。成長意欲の高い若手社員は新しい仕事に対しても意欲的で発信力も高いことが多いのです。しかし、そんな時ほど私は「守破離」という話をします。守破離《しゅはり》とはものごとを学ぶ基本的な姿勢、取り組む順序を意味します。もともとは芸道などで用いられる言葉のようですが、最近は汎用的に使われるようになりました。

○型を身につける第一段階「守」
○型を応用・改良する第二段階「破」
○型から独立する第三段階「離」

なぜ、このような話をするかというとやる気に満ち溢れる人ほど、先を急いで「もっと効率のよいやり方があるのではないか」とか「上司が全然動いてくれない」という不満を持っていることが多いのです。それはそうです、上司より成長意欲があり、どん欲に仕事に向き合っているのですから、当たり前と言えば当たり前の心境です。

実は私自身がそのような「すぐに噛みつく部下」でした。「もっとこうやればいいのに」とか「無駄だなと思って工程を飛ばしてしまったり」とか……。とにかく新しいことをやりたい、もっと成長したい、なぜ先輩たちは同じような仕事を飽きもせずに繰り返しているんだろう。なぜ工夫しないんだろう……。上司や先輩からみたら「可愛くない、めんどくさい部下」だったと思います。いま振り返ってみてわかることですが、一見当時の私が無駄だと思っていた工程には以前に発生したミスを防止するためのひと手間であったり、すぐに結論がでないようなことも当時の私からは気づくことのできないリスクがあったりします。若手からみた無駄は実は会社にとってとても重要な要素であることが、あとからわかったのです。

まずは基本の幹をつくって、そこから枝を伸ばす。守破離の考え方。実は、理由と納得感がある方法なのです。だからまず守る。さらに言うと「先輩を完全コピーする」ということを入社したら徹底的にやってほしいのです。同じやり方でまず同じスピードでやれるように徹底的にコピーする。最初の3年はこれに尽きます。

成功している、尊敬する先輩をコピーし続けると勝手に応用や改良は見えてくることです。これが「破」のフェーズです。そして人間はいくら「完全にコピーしてやろう！」と思っても１００％コピーするのは不可能です。コピーしきれなかったところが初めて「自分ならではのオリジナル」になってくる部分。仕事というのは自分ひとりで完結しないことがほとんどです。自分だけが成長しようというのは難しい。キャリア思考なんていうともっとウルトラCのテクニック的なものがあるように思いますが、ウルトラCなどはなく、「必死にコツコツ」の中からしか、素晴らしいアイデアや発想は生まれないのです。

そして、上記のモヤモヤを引きずって、入社3年も経たないうちに「自分のやりたかった仕事と違う」「もっとやりがいのある仕事をしたい」と言って転職していく人を見かけます。

これもあとからわかることですが、仕事というのは最初から「やりたかった」「やりがいがある」、要は「自分の天職だ」と思えるようなことはほとんどないのです。

実は根性論が大正解です。好きなことじゃなくても、就職活動の時のイメージと違っても、全力で仕事に取り組んで、小さな成功体験を積み上げていく。そして、10年くらい経って初めて「あ、この仕事面白いかも」と気づきます。

本当の仕事の面白さは「膨大な仕事の中の苦痛な作業」にあると気づきます。その景色を見ることができれば、次の仕事もチャレンジできますし、辛いことにもやりがいを見出すことができます。毎日同じ時間に起きて、同じ電車に乗って、いつしか入社の時のわくわく感を私たちは忘れてしまいます。社会人になって初めてもらったお給料のありがたみも、どこかへ行ってしまうものなのです。

「この人だ！」と狙いを定めたら徹底的にコピーする。

毎日、全力で「完璧を目指すよりまず終わらせる、できない理由よりできる方法を考える」

常に昨日より今日、今日より明日。その日その日の一番になろう。

自分の成長はもっともっと先にある。そんな気持ちで仕事に取り組む姿勢をいつまでも忘れないでいたいものです。

5-6 働き方で人生が上昇する3つのポイント

1日24時間の中で通勤も含めて考えると、人生の大部分を私たちは「働く」ということに人生を費やしています。ここに疑問を持つことをいつしか忘れて、当たり前を通り越して呼吸をするのと同じように毎日会社に向かうのです。これは、ふと考えると非常に恐ろしいことです。せっかく働くのでしたら自分自身の人生も上昇するような「働き方」をするようにしたいと私自身、日々思っています。ここで、私自身が意識している人生が上昇する考え方の3つをご紹介します。

①一番大事なものは「時間」

まず、なぜ仕事をするのかと聞かれたら大部分の人は「お金のため」「生活のため」と答えるでしょう。もちろん私もそれは賛成です。今月は給料払えないよと言われたらみんな明日から仕事に行かないで次の職場を探すでしょうから。

しかし、もっと考えていくと、お金よりも「時間」という概念で仕事を捉えるべきだと気づきます。私たちは1日24時間の一部を労働に投資しています。そしてその成果としてお金を得ていますが、お金は生活の手段のひとつで使ってしまえばまた稼げばいい。大事なことはこの1日8時間という労働に投資した時間内でどれだけの成果をあげて、また翌日の8時間に付加価値をつけるかということ。これがわかりやすく言えば「日々の成長」であり、この成長した価値に対して会社は給料を支払っています。

最初からお金をもらうためというとどこか時間を切り売りして「消費している」印象を受けます。一度使った時間はもう二度と戻ってこない、自分は今日という日が一番若い。誰でも平等なものは時間なのに、なぜこんなに人生に差がつくのか。それは「時間を消費しているか」「時間を投資しているか」の差なのです。こう考えたら、プライベートの時間も同じようなことが言えます。仕事を通して時間の感覚を磨くことが人生をより豊かにするのです。

②成功や失敗に一喜一憂しない

「失敗かどうかはこれからの私の行動が決める」

今日、仕事で大きな失敗をしたとしましょう。上司にも叱られ、明日からもう会社に行きたくないといまあなたは思っているかもしれません。しかし、大事なことはそこで「落ち込み過ぎない」ということです。失敗かどうかというのはそのことが発生した時にはわからないものです。あとから振り返って「あの出来事があって自分の考え方を変えることができた」と思うことができるかどうか。それはこのあとの自分自身の「行動」によって決められてくるからです。過去の事象は変えられません。しかし行動を変えることで「未来」を変えることはできるのです。

これは人生そのものを考えるうえで非常に大事で私の「生き方論」になっています。私自身29歳で離婚しました。収入も不安定で子どももまだ3歳と1歳手前くらいの時期でした。誰から見ても大変そうで、自分自身も当時は苦労したと思います。離婚自体は自業自得なので、よいも悪いもないのですが、当時誰から見ても「人生の失敗」

のように映った出来事でした。しかし10年ちょっと経ったいま、あの時に想像していないような人生を、私は生きています。決して「成功」とは言いません。成功ではありませんが、失敗ではなかったといまは思える自分がいます。「成功ではないけど、自分自身を変えてくれた出来事」として自分の中の大切な出来事です。それでよいと思います。仕事をするうえでこの考え方を身につけると、すべての出会いや出来事に感謝できるのではないでしょうか。

③メンタルのセルフコントロール

最後にメンタルのセルフコントロールについてです。気分が落ち込んだり、体調的にも精神的にも疲れてしまうことは誰にでもあると思います。よく言われる「モチベーション」という言葉にも通じてきます。具体的なモチベーションの上げ方は人それぞれです。何がきっかけになってやる気になるかというのは自分に対する小さなご褒美だったり、目標への熱意だったりします。ですので、誰にでも当てはまる具体的な方法というより、考え方、視点を意識したいと思います。それは「客観的に自分を認める」ということです。誰でもモチベーションが上がらないことがある。今日はなんとなく気分が落ち込む。そんな自分を「ああ、私はいま落ちてるな」とまず認めてあげることが一歩です。無理に頑張ろうとしたり、モチベーションをあげようとすると、かえって逆効果になることがあります。自分自身に逆にプレッシャーをかけてしまい、さらに気分は落ち込んでいくのです。そんな時に「私は、これが嫌だから気分が落ち込んでいるんだな」「きっと体調と関係があるだろうな」というようにいつもの視点より俯瞰して自分自身を見られると、認めた瞬間にふっと気持ちが軽くなることがあります。

人の気持ちをよく振り子にたとえることがあります。人生、人間よい時もあれば悪い時もある。振り子のように本来人の心は揺れているものなのです。それ自体を嫌がらず、マイナスに振れていることを認めることで一気に振り子をプラスに振り戻すことができます。ずっとモチベーションが高くてやる気に満ち溢れているのも疲れてしまいます。もしかしたら心より先に身体の調子が悪くなるかもしれません。振り子を止めないことがポイントです。振り子が止まる時は何かしら自分自身が無理をしている時なのです。うまくいっている自分も落ち込んでいる自分も「認める」ことで常に一定のペースで振り子を振り続けることを意識しましょう。

「働くこと」への考え方次第で人生そのものも大きく変えることができます。せっかく働くのでしたら、人生にもよい影響を与える視点を持っていきたいものです。

働くことは義務でしょうか。

働くことは苦痛でしょうか。

そんなことはありません。働くことの中には「自分の人生を上昇させる、豊かにするヒント」が日々たくさん転がっているのです。

エピローグ

経営者としてのキャリア思考

私が、会計業界に足を踏み入れた20代の頃。当時は40代、50代の経営者の方々はとても手の届かない「神様」のような存在に思えました。

自分自身、なんとか社長さんたちのお役に立ちたい！ という一心でがむしゃらに仕事をして、気づけば30代半ば、自分自身も小さな会社を設立し「一国一城の主」を志しました。

シングルマザーで小学生の息子が２人、当時の仕事にも生活にもまったく不満はありませんでした。とても恵まれているとさえ思っていました。

しかし、どうしても「社長」というものになってみたかった。両親にも心配されて

「子どもがもっと大きくなってからでもよいじゃない」と諭されました。しかし、子どもたちが10歳、年をとれば、そのぶん私も年をとる。そんなふうに安定するのを待っていたら、アッという間におばあちゃんになってしまうじゃない！　と笑い飛ばしたのを覚えています。

「税理士法人に勤めていたほうが安心だ」と多くの人に言われ、「コンサルタントという資格もない職業で独立するなんて無謀だ」とも言われました。

本当にそうでしょうか？　安定した組織の中で雇用されることが安心でしょうか？

そもそも安定が保証されている組織なんて幻であるということを私は多くの会社をみてすでに身に染みて理解していたつもりです。独立して自分自身でハンドルを握るほうがどれだけよいか、当時はそんな生意気な気持ちで大きな一歩を踏み出したのを覚えています。

前置きが長くなりましたが、私はそれくらい「社長」という存在が好きなのです。憧れ、尊敬……好き過ぎて「せっかくの人生なんだから、私も『社長』という生き物になってみたい」――これが、私が起業した本音です。この気持ちはいまも変わりません。

起業して6年間、たくさんのご縁をいただきました。起業する前には想像もしなかった景色がいまは広がっています。ご縁をいただいたお客さまのおかげです。この場を借りて感謝をお伝えしたいです。

また勢いづいて起業しましたが、不安がなかったわけではありません。しかし不安で立ち止まる暇もないくらいにたくさんのお仕事をいただき、学ばせていただきました。そして、気づけば「神様」のような手の届かないと思っていた40代に自分自身が突入しました。ここから50歳まで全力で走り抜けようと、自分自身に叱咤激励するような気持ちで本書を書かせていただきました。さらに本書はお客さまのお役に立てるよう精進します！　という決意表明でもあります。

本書の制作にあたりご指導いただきましたクロスメディアパブリッシングの川辺さん、浜田さん、本当にお世話になりました。

そして最後に私のジェットコースターのような人生を一緒に楽しんでくれている（？）２人の息子たちに最大の感謝を。いつもありがとう。

３人の生活がスタートした時に3歳と1歳だった２人の息子たちは、今年高校1年生と中学2年生になりました。彼らがいなければ私のいまの人生はありません。これからもコンサルタントして、経営者として、そして母として彼らに恥じない背中を見せていきたいです。

２０２３年9月吉日

著者

[著者略歴]
野本理恵（のもと・りえ）

株式会社Nomoto Consulting 代表取締役
沖縄県生まれ。中央大学文学部卒業。会計事務所職員として10年間、法人税務業務を担当。2012年より税理士法人の経営支援室（コンサルティング部門）にて経営コンサルティング業務に従事。2017年4月、税理士法人を退社、コンサルティング会社を設立し独立。事業計画の立案とモニタリング、経営会議、営業会議に参画。現在は、上場企業の社員研修外部講師も務める。目標達成のためのPDCAのしくみづくりやモニタリング手法の導入支援のほか、近年ではM&Aや廃業支援にも従事。埼玉県労務経営協会主幹、三成研機株式会社 社外取締役。

勝《か》ち抜《ぬ》ける
経営者《けいえいしゃ》のキャリアデザイン

2023年10月１日　初版発行

著　者　　野本理恵

発行者　　小早川幸一郎

発　行　　株式会社クロスメディア・パブリッシング
〒151-0051 東京都渋谷区千駄ヶ谷4-20-3 東栄神宮外苑ビル
https://www.cm-publishing.co.jp
◎本の内容に関するお問い合わせ先：TEL（03）5413-3140／FAX（03）5413-3141

発　売　　株式会社インプレス
〒101-0051 東京都千代田区神田神保町一丁目105番地
◎乱丁本・落丁本などのお問い合わせ先：FAX（03）6837-5023
service@impress.co.jp
※古書店で購入されたものについてはお取り替えできません

印刷・製本　　株式会社シナノ

　ISBN978-4-295-40883-3　C2034